その後の鎌倉

抗心の記憶

関幸彦
Seki Yukihiko

山川出版社

はしがき

鎌倉時代は幕府の終焉で幕を閉じる。しかし「鎌倉」という場はその後も日本の歴史を規定した。あたかも平安時代と「京都」との関係がそうであるように。武家の記憶は鎌倉に宿され、種々の陰影を与えた。鎌倉・室町そして戦国の各時代に、この地を舞台に幾多の闘諍《とうじょう》がなされた。近世はその鎌倉を政治の場から解放させることとなった。江戸の時代は文人墨客《ぶんじんぼっかく》が鎌倉をおとずれた。庶民も物見遊山で来鎌《らいれん》した。金沢八景《かなざわはっけい》・江島《えのしま》さらに箱根《はこね》も一体となって、過去をひもとく歴史の一齣となり、今日に至っている。

中世後期の室町時代は鎌倉府がここにおかれ、鎌倉は武家政権の特別区たる役割を与えられた。政治性云々からすれば、鎌倉時代は一五〇年で終了するが、南北朝・室町さらに戦国と、東国の権力的磁場として作用した。『その後の鎌倉』という本書の書名もまさに鎌倉幕府以後の「鎌倉の時代」に焦点を絞り点景化したものだ。中世後期の鎌倉を定点観測することで、武家の都の諸相を考える、そんな試みである。

本書は二つのパートに分けられている。第Ⅰ部では鎌倉という場の権力争奪の諸相についてふれた。いわば時間軸に特化しつつ、「時の記憶」を主題に武家内部の権力の推移を考えようとした。

時代は十四世紀から十五世紀、つまりは、鎌倉時代以後の「鎌倉」である。具体的には鎌倉府の時代の鎌倉ということになる。ここでは広く中世後期の東国史の大局を、年代記風に語ることが主題となる。

第Ⅱ部では鎌倉が内にもつ「場の記憶」を主題に考えてみた。いわば地域軸にフォーカスした議論である。観光ガイド風の中身から離れ、諸種の史跡（寺社関係・古戦場関係）に宿された「記憶」を掘り起こしたい。当該史跡にまつわる伝承・伝説を含め、史実（記録）からはみ出た周辺の物語を焙り出す作業だ。この第Ⅱ部では幕府終焉の史跡、さらには鎌倉府段階の史跡等々を、年号を手がかりに考えた。

「時」と「場」の記憶を介し、本書に込められた鎌倉に関してのメッセージが少しでも伝わることを期待したい。

その後の鎌倉—抗心の記憶—

目次

第Ⅱ部　場の記憶

2 鎌倉府関連史跡群

その後の鎌倉
―抗心の記憶―

序 「鎌倉」という記憶

所ハモトヨリ辺鄙《へんぴ》ニシテ、海人野叟《かいじんやそう》ノホカニ、卜居《ぼくきょ》ノ類《たぐい》コレ少ナシ

開府以前の鎌倉を『吾妻鏡《あずまかがみ》』はこう記した。治承《じしょう》四年（一一八〇）十二月十二日条が伝える有名な一節だ。鎌倉に言及するさいしばしば目にする記事だろう。「辺鄙」「海人野叟」の地からの脱却を可能にさせた鎌倉開府との対比が語られている。当該条には鄙たるこの地に謀叛の政権としてスタートした鎌倉の記憶が宿されている。都鄙《とひ》の語感にどのような内容を想定するかは一様ではないにせよ、鎌倉にとって都を背負った源《みなもとの》頼朝《よりとも》という軍事貴族の存在は大きかった。

鎌倉はこの外部からの媒介者（頼朝）を「鎌倉ノ主」（鎌倉殿《かまくらどの》）と担ぐことで、鄙の世界からの脱却を可能にさせた。東国に誕生したこの政治権力体は鎌倉幕府と呼称されることになるが、以後そこは都と鄙が同居する場へと変貌していった。

鎌倉には当初よりローカリズム（鄙的要素・地域的・文化的）と、媒介者頼朝により構築されたグローバリズム（都的要素・中央的・文明的）の両者が接ぎ木されるように併存することになる。*

例えば若宮大路《わかみやおおし》・鶴岡八幡宮《つるがおかはちまんぐう》・勝長寿院《しょうちょうじゅいん》（大御堂）そして永福寺《ようふくじ》（二階堂《にかいどう》）等々は、ある意味で

鎌倉の道筋

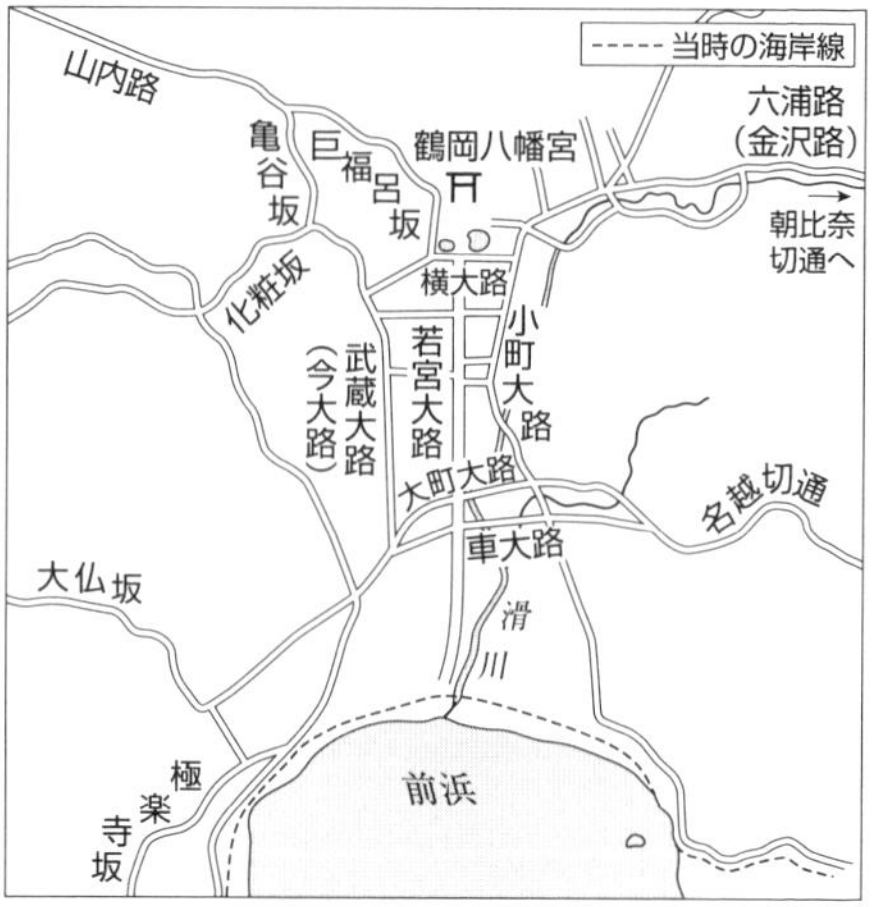

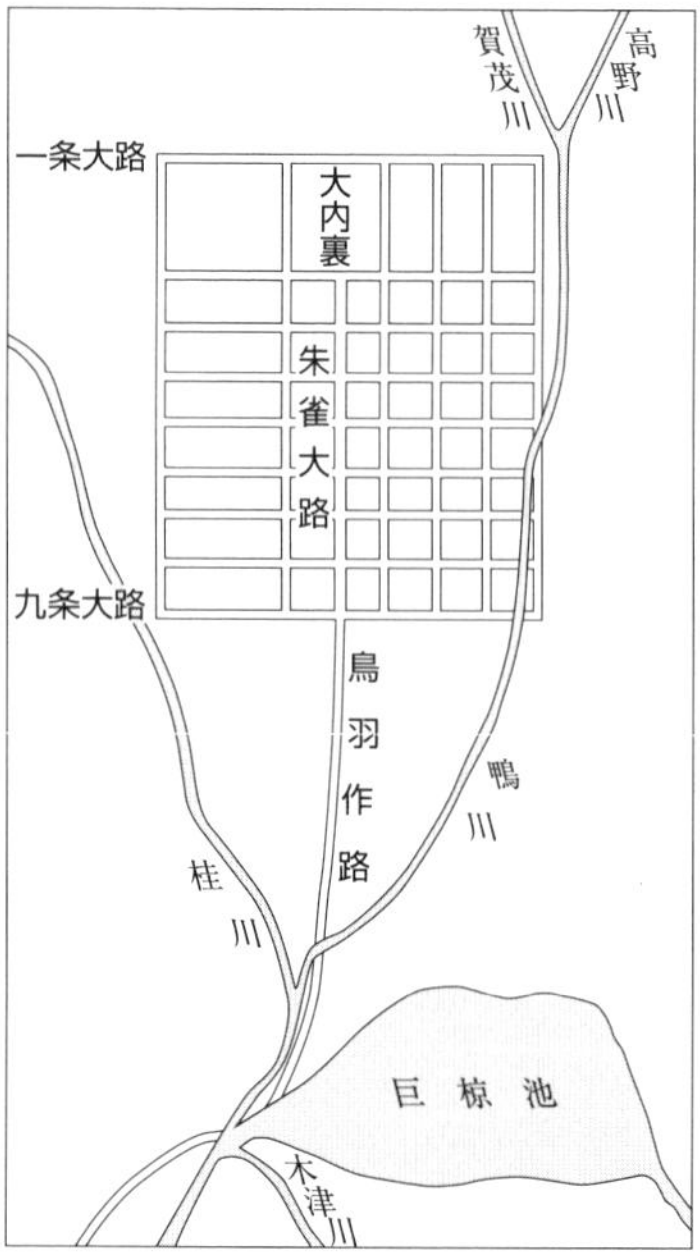

平安京の道筋

京都的気分が移植されている。外なる王朝の京都を範としたものを、鎌倉に創出する試みである。

大いに議論があることを承知でいえば、若宮大路以下は十二世紀末の東国社会の自己主張の産物だった。皇居（大内裏）に代替されるべき鶴岡八幡宮（源氏の八幡大神）。そしてそれとの対応関係にある朱雀《すざく》大路と若宮大路の存在等々**、これまでも指摘されてきた（大三輪龍彦「古都鎌倉」『演劇界』五二巻六号、一九九四年。拙著『「鎌倉」とはなにか』山川出版社、二〇〇三年）。その点では、鴨《かも》川《がわ》に対比されるべき滑川《なめり》もそうだ。

京都の場合、南方は鳥羽《とば》の作路《つくりみち》や巨椋池《おぐらいけ》（京都盆地の遊水地。宇治《うじ》川・桂《かつら》川・木津《きづ》川の流入地。秀吉時代に過半が埋立）だが、鎌倉の場合は前浜（由比浜）の海岸が対応する。

そして鴨川以東の岡崎・白河《しらかわ》方面には院政期に六勝寺《りくしょうじ》が建立され、上皇の離宮の地として有名となった。その点では浄土様式の永福寺もまた地勢的には鎌倉の東北方面に位置したところに建立され、鎌倉殿の離宮たる迎賓館的機能を有していた。鎌倉の地勢的な諸相を再構築すること、それこそが『吾妻鏡』の語る「マサニコノ時ニ当リ、閭港路ヲ直グニシ、村里ニ名ヲ授ク」という表現と対応するものではなかったか。

鎌倉幕府と、その後の鎌倉府の合わせて二世紀半（二五〇年）に及ぶ歴史のなかで、内と外の二つの要素は同化融合してゆく。***とはいえ、鎌倉に宿された本質は、王朝京都と異なる東国世界のそれであった。自立志向のその流れは頼朝の源家三代以降、北条により深められ成熟を加えた。幕府時代での鎌倉は、王朝京都という外的世界との政治的距離が問われた。そこには自らを「関東」と称した鎌倉幕府なりの意地があった。〝和シテ同ゼズ〟との公武の不干渉路線はその象徴だった。それは承久の乱での「関東」の圧倒的勝利以後も変わらなかった。王位継承への鎌倉側の不介入方針に変化はなかった。『増鏡《ますかがみ》』が語るように、土御門《つちみかど》院の王統に属した後嵯峨《ごさが》院への「関東」による強い意向が時にあったにせよ、武家側は原則〝不干渉〟の方向を維持しようとした。

それは東国の歴史的風土に見合う武権の彫磨《ちょうま》の結果でもあった。不干渉主義を通じて、〝健全なる野党〟の立ち位置を鎌倉は堅持しようとしたともいい得る。京・鎌倉、異質な二つの権力は「至尊」（天皇・院）と「至強」（鎌倉殿・将軍）のそれぞれの象徴を有した。ただし、「至強」の武家の都（鎌倉）については、幕府滅亡後、「鎌倉府」という新しい秩序を誕生させる。鎌倉はかくして源家三代・北条氏、そして足利氏と三度《みたび》その主《あるじ》を変えることになる。鎌倉幕府倒壊後、主役に鎌倉は足利氏をむかえ、武家の政治的・文化的遺産を継承していった。

本書の第Ⅱ部では、主に十四から十五世紀を含めた鎌倉府時代の史跡群を取り上げているが、そこには「場の記憶」とともに、幕府時代以来の「時の記憶」もせめぎ合うように重なっているはずだ。

重層化された記憶や記録の歴層をはぎ取ることで何が見えてくるのか。中世は東国の政治的磁場たる鎌倉が、もっとも光り輝いた時代だった。今日の鎌倉にも過去の中世という時代が融け込むように存在しているはずだろう。まずは第Ⅰ部の「時の記憶」の扉を開いてみよう。

＊　律令的文明思考と同居する平安京《へいあんきょう》を母胎とした京都は、当然ながら中華的グローバリズムを宿していた。これを継承した王朝の京都は土着的風土に根ざした文化（ローカリズム）を包摂している。都鄙観念云々でいえば、都（京都）の中央権力は本質的に文明主義に立脚し、その律令的文明理念を地方（鄙）に広げようとする方向を有した。そうした律令的文明思考とは別に、基層の地方的ローカリズムとの融合・合体のなかで中世は成立する。その意味で鄙であった鎌倉に武権が樹立され飛躍的な形で王朝世界の移植を可能にさせた。鎌倉殿頼朝の役割はその媒介者たるところにあった。鎌倉がグローバル的な中央とシンクロするには頼朝という人物を媒介としなければならなかった。

＊＊　周知のように、平安京から変化した京都は、西ノ京（右京）から東ノ京（左京）へとその繁栄が移るなかで鴨川を越え、東山近傍へと市街地域が拡散する。白河を中心とした場に、上皇の離宮や六勝寺が建立されたのは、京都自身がかつての平安京的グローバリズムを脱し、国風化にともなうローカリズムへの移行の流れによった。このあたりは天皇号（追号）にも顕著に表現されている。グローバリズム的命名ともいえる天武《てんむ》・文武《もんむ》あるいは聖武《しょうむ》さらには、桓武《かんむ》と、十世紀以前の天皇号に共通したのは中華的皇帝思考だった。平城京《へいじょうきょう》以来、平安京へ継承される律令的文明主義は、京都を成立させたことで、〝日本的〟間尺のなかで〝分相応〟へと変化する。十世紀以降の宇多《うだ》・醍醐《だいご》・村上《むらかみ》、さらに摂関期の一条《いちじょう》以下の天皇名、あるいは院政期の白河・堀河《ほりかわ》・鳥羽と、いずれもが京都の地名を冠する天皇名の登場はこれと対応の関係にある。

「文明としての平安京」から「文化としての京都」になるのは長期の時間が費やされたが、鎌倉の場合、両者が融合・調和することなく源家という外来者を鎌倉にむかえることで、土着的

（文化的）鄙の部分が接合される形となった。その限りでは鎌倉が鎌倉開府により受容した外的要素（京都的モデル）はかつての平安京段階の文明主義ではなく、王朝都市の京都（文明と文化の融合）の段階のそれを平行移動したことになる。

位層的秩序の意味に従えば、東国の鎌倉はその王朝的京都を鄙の鎌倉に移植した。京都を受容した当初の鎌倉もまたこれを丸のみしたわけではない。「辺鄙」「海人野叟」と称した開府以前の基層の〝東国〟があった。頼朝の幕府はそれを〝関東〟に変換させることで王朝の京都に対峙しようとした。

＊＊＊

誤解なきように付言すればここで指摘する「文明」なり「文化」の表現は、前者を普遍性で、後者を特殊性で解釈するとの立場での表現だ。グローバリズムとローカリズムの対比もそれに対応したものだ。鎌倉開府以前の鎌倉をどう認識するかは議論もあろう。本書では、〝外としての文明、内としての文化〟という便宜的表現を用いている。

鎌倉を文化主義の連続的地層のなかで解釈する立場もある。けれども鎌倉は頼朝を登場させることで、政治的磁場の「関東」（幕府）を創出した。その飛躍がなければ鎌倉は浮上しなかった。頼朝というこの媒介変数的存在は大きい（頼朝の役割について、その本質を見事に表現したのが石母田正『中世的世界の形成』〈東京大学出版会、一九五七年〉だろう）。鎌倉は北条氏の台頭で、最終的には「土着の、土俗の権力」（渡辺保『北条政子』吉川弘文館、一九六一年）へと移行したとの理解は、その意味で肯定される。

第Ⅰ部

時の記憶

ここでの課題は時間軸に則して鎌倉の歴史的諸相をさぐることにある。「その後」云々はすでにふれたように、幕府滅亡以後を扱っている。常識的鎌倉時代史は了解の内とした。十四世紀前半の幕府終焉から南北朝の時代、さらに十五世紀の室町時代にわたるもう一つの鎌倉史を年代記風に記述すること、これが第Ⅰ部のテーマである。以下、**1**では鎌倉府以前と題して、元弘・建武の乱、さらに南北朝動乱段階の鎌倉を舞台とした時勢の推移を軸に、北条から足利への流れを概観する。そして**2**では鎌倉府を対象に歴代の鎌倉（関東）公方たちの足跡を追う。そこでの眼目は鎌倉という場が宿す「抗心の記憶」とも表現できる観点を導入し、京都の幕府権力との確執を中心に語ることとした。そのさい、語られるべき公方たちの足跡に関し、「観応」や「応永」等々の著名な年号を足場に、内紛・争乱との関連から整理しようとした。

いずれにしても、鎌倉府以前と以後を射程に組み込みつつ、政治史の大局を記述したい。

1　鎌倉府以前―「三鱗」から「二引両」へ―

鎌倉陥落、そして占領―新田か、足利か―

元弘《げんこう》三年（一三三三）五月、鎌倉は陥落した。新田義貞《にったよしさだ》が中心となり、三方より鎌倉を攻略したことによる。『太平記《たいへいき》』の「巻十」にはその攻防戦が描写されている。「鎌倉合戦ノ事」「稲村崎《いなむらがさき》、干潟ニ成ル事」「高時ナラビニ一門以下東勝寺《とうしょうじ》ニ於テ自害ノ事」等々にその様子が見える。五〇万騎での鎌倉包囲云々は誇張だろうが、各所での戦闘は凄惨を極めた。その再現は軍記にまかせよう。守るに固き鎌倉も、いったん内部に敵が入り込むやその陥落は早かった。「鎌倉合戦」の場面からもその地勢的弱点をうかがうことができる。そのあたりをとりあえず『太平記』にもとづき眺めておく。

地図を参照してもらいたい。攻略する主力軍のルートは大きく二つに分けられる。一つ目は丘陵・山間部からの進入路だ。巨福呂《こぶくろ》坂・化粧《けわい》坂方面からの攻撃である。これを迎撃するのが赤橋守時《あかはしもりとき》・金沢貞将《かねさわさだゆき》の北条勢力である。二つ目の進攻ルートは海側からだ。稲村崎方面からのもので新田義貞・大館宗氏《おおだてむねうじ》・江田行義《えだゆきよし》などの新田の主力軍だった。迎撃側には大仏貞直《おさらぎさだなお》以下の勢力があたった。ともに鎌倉西方からの進攻だった。鎌倉道（後世の鎌倉街道の上ノ道）を上野方面から南下した新田

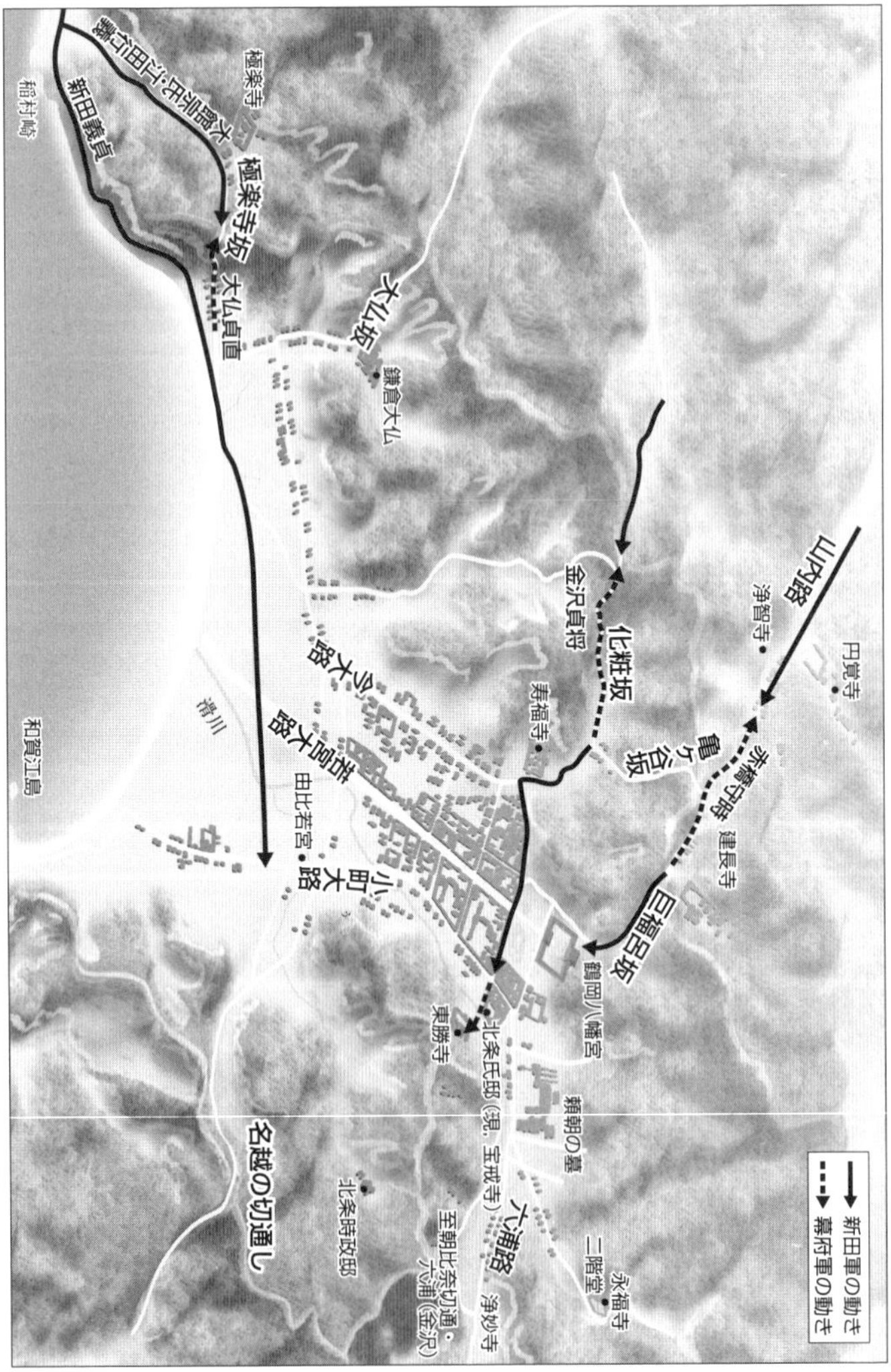
新田軍の動き
幕府軍の動き
円覚寺
浄智寺
山内路
亀ケ谷坂
赤橋守時
建長寺
巨福呂坂
鶴岡八幡宮
頼朝の墓
永福寺
二階堂
浄妙寺
六浦路
至朝比奈切通・六浦(金沢)
北条氏邸(現。宝戒寺)
東勝寺
北条時政邸
名越の切通し
小町大路
由比若宮
若宮大路
今大路
寿福寺
化粧坂
金沢貞将
滑川
和賀江島
大仏坂
鎌倉大仏
大仏貞直
極楽寺坂
極楽寺
大館宗氏・江田行義
新田義貞
稲村崎

新田軍・幕府軍の動き

軍は武蔵の小手指《こてさし》・府中分倍河原《ぶばいがわら》で鎌倉勢を撃破しつつ、五月十八日から二十日にかけて前記のルートから進攻を開始した。ここで特徴的なことは、激戦の地は多くが若宮大路をはさみ西側に集中したことである。幕府の中枢地域での戦闘は少なかった。

『太平記』が語る合戦の逸話のなかでも圧巻は、北条高時が自刃した東勝寺の場面だった。東勝寺は北条執権館があった宝戒寺《ほうかいじ》とは、川をはさんで隣接する。〝東国が勝つこと〟に由来するようで、京都白河の地に建立された法勝寺《ほっしょうじ》以下の「六勝寺」にちなむとの理解もあるが、定かではな

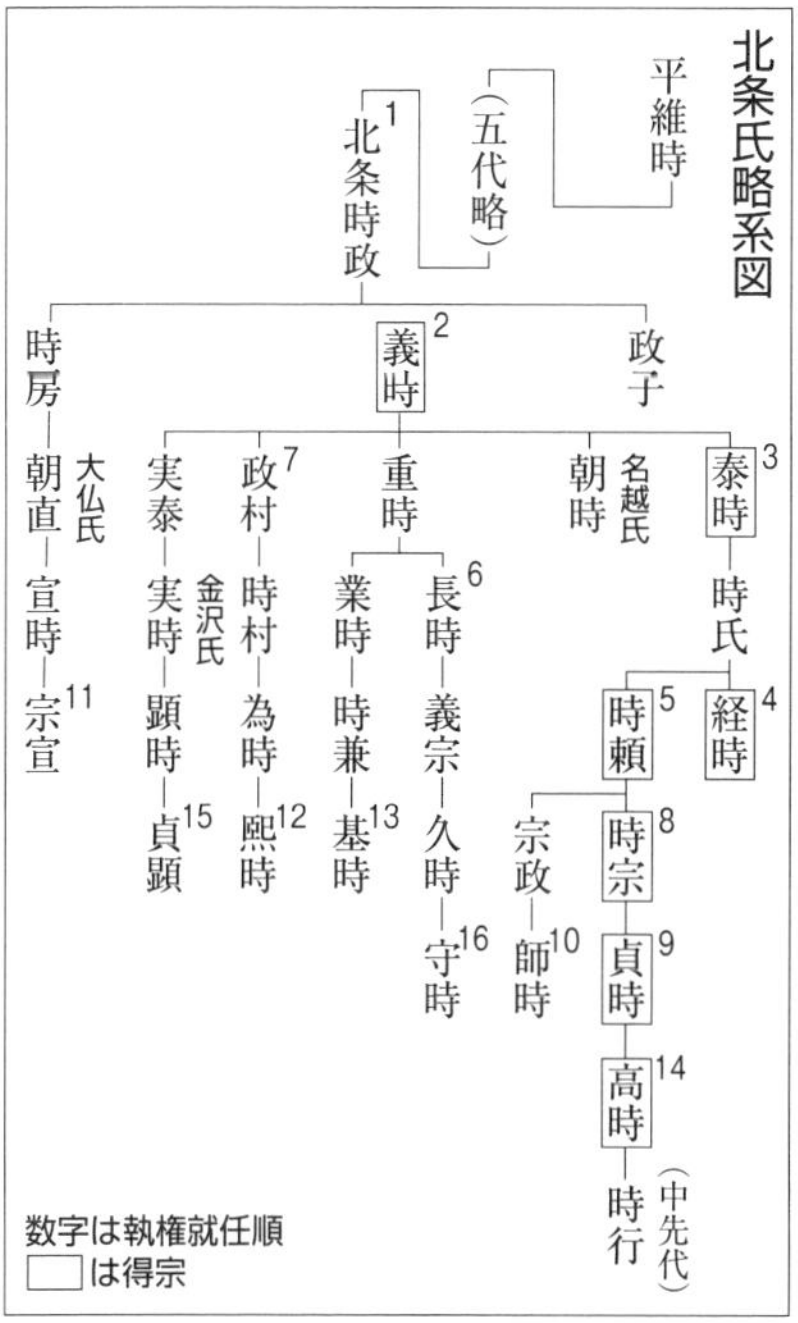

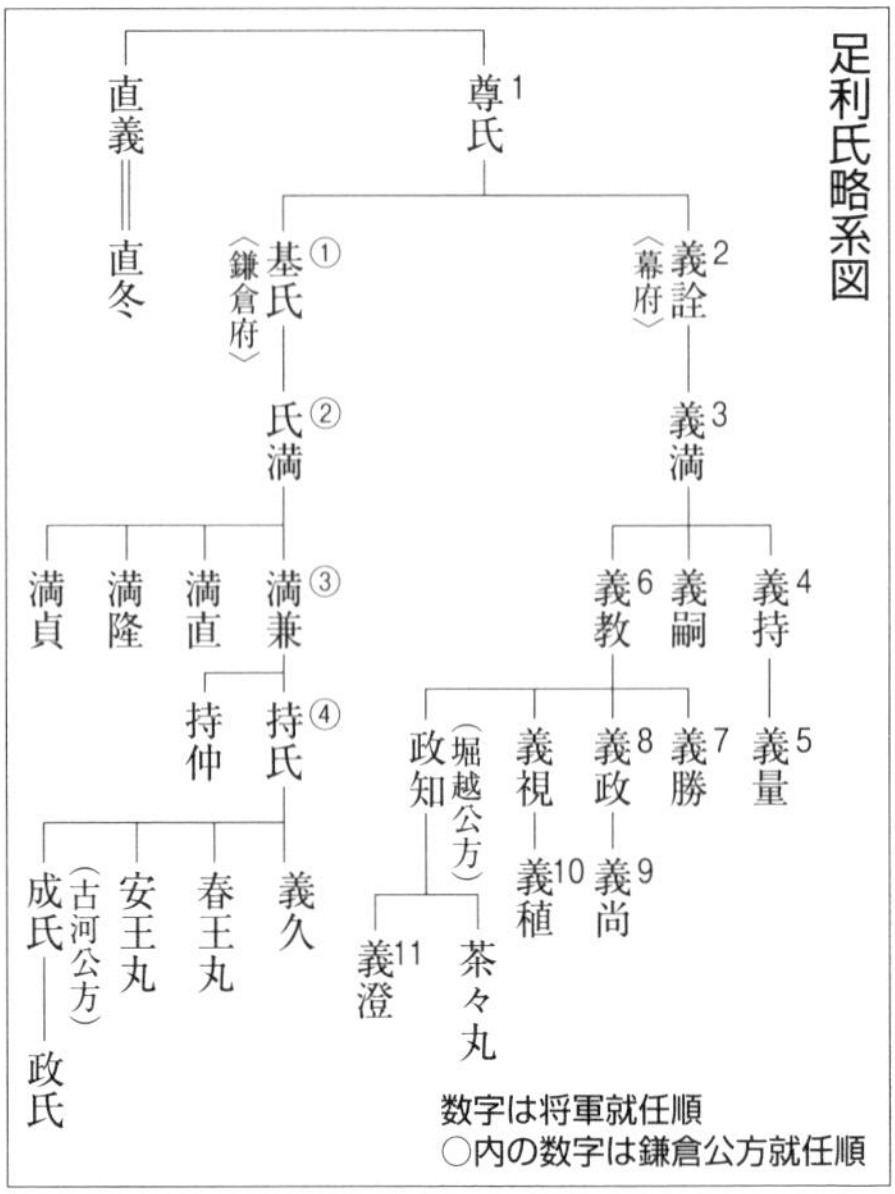

い。

ともかく、その東勝寺で高時は最期をむかえた。『太平記』では「平家九代ノ繁昌一時ニ滅亡シテ、源氏多年ノ蟄懐一朝ニ開ル事ヲ得タリ」と、鎌倉陥落の様子が述懐されている。ここには、執権・得宗家の高時を「鎌倉殿」と称す場面も登場する。高時は鎌倉を象徴する存在だったからだ。元来この呼称は鎌倉開府にともない、家人たちからの頼朝への私的尊称だった。けれども、鎌倉末期には鎌倉殿の対象は変化した。高時に代表される北条得宗家がこのように呼ばれるにいたった。

鎌倉将軍とは別に、実質上の「鎌倉の主」への呼称といえる。

ところで北条氏を滅亡させた新田義貞とは別に、もう一人の主役もいた。足利尊氏《たかうじ》（高氏）の名代《みょうだい》千寿王《せんじゅおう》（義詮《よしあきら》）である。尊氏は幕府から畿内の反乱勢力鎮圧のためこの時期西国に派遣されていた。千寿王は嫡子の立場で人質として鎌倉に留め置かれていた。尊氏の京都攻撃にあたって、千寿王は鎌倉を脱し義貞と合流した。旧秩序解体の流れのなかで、足利へと参陣した御家人も多かった。新田か、足利か、誰を大将と仰ぐかで恩賞の現実が決まる。それがこの時代のルールだった。占領後の鎌倉における武家の棟梁権はこの両者が担った。当時四歳の千寿王が何事かを決定し得たわけではない。幼少ながら足利を担う立場での存在こそが期待されていた。

サテモ関東誅伐《ちゅうばつ》ノ事ハ義貞朝臣、其功ヲ成ストコロニイカガ有ケン。義詮ノ御所四歳ノ御時大将トシテ御輿ニメサレテ義貞ト御同道有テ、関東御退治以後ハ二階堂ノ別当坊ニ御座アリシ。諸侍悉《ことごとく》四歳ノ若君ニ属シ奉リシコソ目出ケレ。是実ニ将軍ニテ永々万年御座アルベキ瑞相《ずいそう》トゾ人申ケル。

（『梅松論《ばいしょうろん》』）

足利側の目線で描かれた『梅松論』とはいえ、義貞とともに大将たる千寿王の立場が語られている。千寿王はあくまで〝玉〟でしかなかったが、占領軍にあって義貞と双軸に位置した。

占領軍の主力は足利・新田の混成部隊であり、当然両者の確執があった。京都の尊氏は、細川和《ほそかわかず》氏《うじ》・頼春《よりはる》以下の一門を千寿王補佐のために派遣、鎌倉でのその後の布石をほどこした。危惧をおぼえた義貞は鎌倉退去を決断、鎌倉は「二引両」を新たな主人とする体制へと動いてゆく。

建武体制と鎌倉将軍府―新秩序への助走―

幕府滅亡後の流れを整理すれば別表のようになる。建武体制下の東国支配（関東・東北）の権力ブロックは二つあった。一つ目が北畠顕家《きたばたけあきいえ》が義良《のりよし》親王を推戴する陸奥将軍府であり、二つ目が足利直義《ただよし》による鎌倉将軍府がそれだった。＊前者は元弘三年（一三三三）十月、後者は十二月のことだった。

「将軍府」は後醍醐《ごだいご》天皇親政下での「小幕府」と解される。後醍醐政権（建武政権）は、関東を牽制しようと陸奥将軍府を奥州に設置した。『保暦間記《ほうりゃくかんき》』によれば、尊氏と対立する護良《もりよし》親王の提案だとする。「東国ノ武士多ハ出羽陸奥ヲ領シテ其力モアリ。是《これ》ヲ取放《とりはな》サント議シテ」とあり、鎌倉を中核とした東国武士団の解体を策したとされる。多賀城《たがじょう》を拠点に貴種を配し、奥羽全域の武士たちをその傘下に結集させて建武政権を補翼させようとしたものだった。

建武体制の理念は公家一統にある。朝廷（公家）による武家の包摂体制が主眼とされる。親王を将軍とするという点では、幕府の先蹤《せんしょう》にならったものだったが、理念と実態は異なるものがあった。他方、鎌倉将軍府の場合、護良が意図した東国武士団の解体・無力化への対抗という面があった。

元弘・建武の乱関係年表

元弘３（1333）

　５月　六波羅探題，鎌倉幕府滅亡
　６月　後醍醐天皇帰京。護良親王，征夷大将軍
　７月　諸国平均安堵法
　８月　足利尊氏，鎮守府将軍
　10月　北畠顕家，義良親王を奉じ陸奥下向（陸奥将軍府）
　12月　足利直義，成良親王を奉じ鎌倉下向（鎌倉将軍府）

建武元（1334）

　１月　大内裏造営計画
　10月　護良親王，逮捕
　11月　護良親王，鎌倉配流

建武２（1335）

　７月　北条時行，信濃挙兵（中先代の乱）。直義，鎌倉退去
　８月　尊氏，時行討伐のため東下。鎌倉奪回
　11月　尊氏追討のため新田義貞東下
　12月　箱根・竹下合戦（新田軍敗走）。北畠顕家・義良親王の奥州軍，出陣（第１回）

建武３（1336）

　１月　足利軍入京。義貞・顕家軍，尊氏軍と戦い敗走させる
　２月　尊氏・直義，九州に敗走
　３月　奥州軍，陸奥に帰る
　４月　尊氏軍，博多出立，東上
　５月　摂津・湊川合戦（楠木正成戦死）
　６月　尊氏，光厳上皇を奉じ入京
　８月　光明天皇践祚（北朝）
　10月　義貞，恒良・尊良親王を奉じ北陸へ
　11月　後醍醐，光明に神器授与。『建武式目』の制定
　12月　後醍醐，吉野に（南北朝分裂）

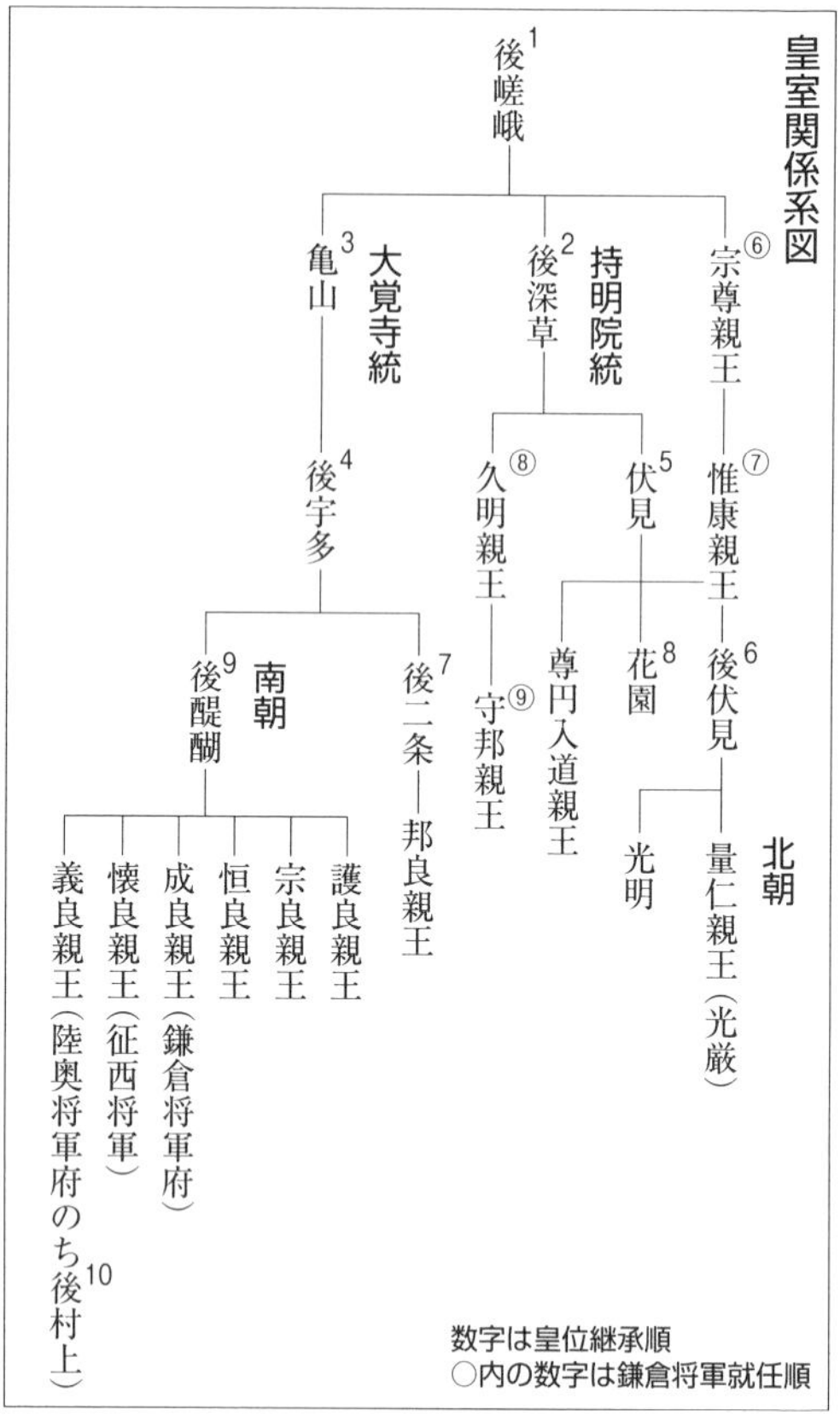

北の奥羽方面と、畿内・京都との連携の阻止という提案である。直義が構想した鎌倉のそうした軍略的布石は重要だった。幕府消滅後の秩序回復は急務であり、直義は尊氏と連携しつつ鎌倉再生に尽力し、ここをその後の足利政権の布石とした。当該期、鎌倉には千寿王がおり、既述のごとく新田義貞と占領後の主導権の確執があった。直義の鎌倉下向は、この千寿王の補翼という目的もあっ

た。

鎌倉には武家の都としての政治的影響力が強く残っていた。武家の府としての宿縁的要素は、その後の歴史を規定した。尊氏の京都開府にさいしても、京都か鎌倉かの選択が関心とされた(『建《けん》武式目《むしきもく》』)。

元弘三年十二月、鎌倉に下向した直義一行は、二階堂貞綱の屋敷を成良《なりよし》親王の御所とした。坂東八カ国に甲斐・伊豆を合わせた十カ国をその管轄下とした。これは後年における鎌倉府の統轄範囲と合致するもので、その政治的基盤を考えるさいに参考となろう。ちなみに鎌倉将軍府の成良に関しては、将軍補任を既成事実として鎌倉入りがなされた(『梅松論』『保暦間記』。史実としては『神皇《じんのう》正統記《しょうとうき》』が述べるようにその就任は少しズレる)。さらにこれを補佐する直義は執権と呼称されており(『太平記』)、鎌倉幕府との職制上の異同が注目される。

＊ この点、留意されるのは陸奥方面の将軍府と関東の将軍府は、ともども「親王(義良)・陸奥守(北畠顕家)」「親王(成良)・相模守(足利直義)」という構図であったことだ。前者の主役たる顕家は「国司」としての立場を順守、発給文書は王朝系様式の「国宣」が用いられた。後者の主役直義の場合は「執権」という立場に対応するように、「御教書」が採用されていた(この点、佐藤進一『南北朝の動乱』中央公論社、一九七四年参照)。

この将軍府自体はたしかに幕府のミニチュア構想という面があった。奥羽と関東との分断を策したという点で興味深い。後醍醐が後年、吉野逃亡の直前に北陸ブロックに新田義貞と恒良《つねよし》・尊《たか》良《よし》両親王を、鎮西ブロックに懐良《かねよし》親王を派したことからも了解されるように、親王を介しての地域ブロック化の構想は留意されるべきだろう。建武体制初期の陸奥将軍府・鎌倉将軍府と、解体期の北陸・鎮西方面のそれを同一レベルで扱うことは問題が残るとしても、である。武家による鎌倉体制を経験した後醍醐にとってこれを全否定することは現実的ではなく、武権との折り合いのなかで案出されたものが右の構想だった。陸奥将軍府の場合は建武体制の目ざすモデルにより近く、鎌倉将軍府は結果として尊氏・直義の介在で異なる方向を有したと思われる。ともに将軍府ながら同床異夢だったことになる。

「鎌倉殿」について

以下ではこれまでの行論との関連で「鎌倉殿」についてもふれておく。時代のチャンネルを鎌倉時代にさかのぼらせ、遠回りを承知で深掘りしてみたい。

鎌倉殿とはもともと武家の拠点、鎌倉の軍事団体の首長を意味した。官制・官職上からのものではない。いわば武士たちが自己の存立を保証してくれる人物への尊称だ。頼朝はまさに鎌倉殿という存在にふさわしかった。したがって、将軍であるかどうかは鎌倉殿の条件では必ずしもない。『吾妻鏡』にはその鎌倉殿の呼称に対応するかの記述が見える。既述の「所ハモトヨリ辺鄙」云々で始まる著名な一節に見えるものだ。そこでは、関東の新政権に参じた人々がその主君を推戴したおりの呼称に由来した。いわば鎌倉の主人というほどの意味にほかならない。

新造ノ御亭ニ御移徙《いし》ノ儀アリ……凡《およ》ソ出仕《しゅっし》ノ者、三百十一人ト云々《うんぬん》、又御家人等同ジク宿館ヲ構フ、シカリシヨリ以降、東国皆ソノ有道ヲ見テ、推《お》シテ鎌倉ノ主トナス

（『吾妻鏡』治承四年〈一一八〇〉十二月十二日条）

鎌倉殿頼朝の誕生の様子は右のように語られている。治承四年の内乱勃発の数カ月後、頼朝は家人たちに推戴され「鎌倉ノ主」とされた。謀叛から出発した頼朝が東国に「武権」を創出した場面である。反乱途上の実効支配以来、「関東」を自称した権力の原点がここにある。ちなみに「鎌倉幕府」の名実ともにの成立は建久《けんきゅう》年間（一一九〇～一一九九）のことだった（建久元年〈一一九〇〉あるいは建久三年〈一一九二〉。この点、拙稿「鎌倉とはなにか」『中世文学』五九号、二〇一四年参照）。

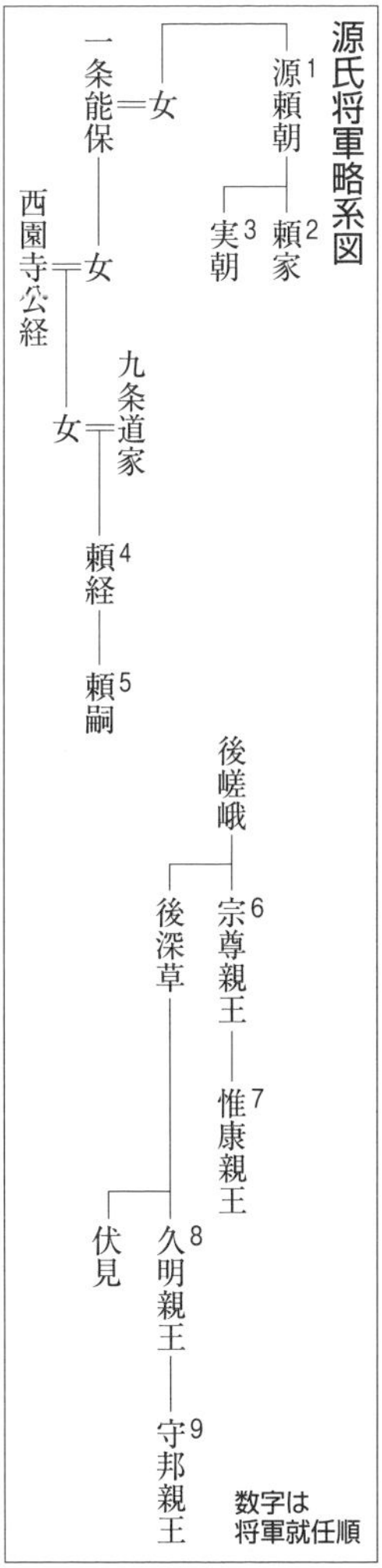

そもそも「幕府」なる呼称は、近衛大将や征夷将軍の出征先での幕営（臨時的軍政府）に由来する。その限りでは将軍の呼称に対応したものであり、天皇（京都王朝）の付与・認定が前提となる。それゆえに内乱当初の謀叛の権力体に幕府の語をあてるのは正しくない。「幕府」の原義が、それが官制概念であり京都王朝の主体（天皇・院）に包摂された機関（軍事権門）に由来するからである。ただし、東国政権の実態をどの時点に求めるべきかとの判断からの問いとしては、意味はある。治承四年の内乱勃発時にこそ、謀叛性を宿しつつも、そこに幕府樹立の実態を解する立場もある。

そこで鎌倉殿と幕府との関係如何である。東国政権の謀叛性に着目した時、これに対応するものこそが「関東」であり、「鎌倉殿」ということができる。

自らを「関東」と称し、王朝からの相対的自立を志向する謀叛の権力にとって、無位・無官の鎌倉殿の呼称がふさわしい。そんな武権の首長が鎌倉殿にほかならない。要は「鎌倉殿」「関東」ともども官職以前に本質があった。

それに比し、王朝権力との調和性や親和性をともなう「幕府」の概念には、王朝権力の一分肢としての性格が付着する。その段階の鎌倉殿は将軍と不即不離の関係にあった。源家三代はその段階にあたる。けれども、執権体制から得宗体制への移行のなかで、権威と実力に遊離が生ずる。

周知のように鎌倉将軍は三つの段階がある。源家三代・摂家将軍そして親王将軍である。形式上はそれぞれが将軍であり鎌倉殿だった。実質的「鎌倉の主」という点では、鎌倉殿の称にふさわしいのは、幕府の舵取り役となった得宗家の存在が大きい。その点で『太平記』のなかで、武士たちが高時を鎌倉殿と呼ぶのは当然といえる。東国に誕生した謀叛の政権は王朝に〝調教〟され将軍宣下を与えられ一体と化する。王朝（天皇）権力にとっての〝安全弁〟としての武家はかくして誕生する。*

これまで幾度かふれたように鎌倉殿とは東国の軍事団体の首長への呼称だった。鎌倉幕府はその首長が従者を率い、諸国守護を担当する軍事組織だった。そこには私的な主従制と諸国守護権（軍事権）の分与・授与という公的職制が内包されていた。前者の主従的（私的側面）に由来する呼称が鎌倉殿だった。武権の成熟にともない将軍を同一実体とすることはあるにせよ、本質は異なる。鎌倉殿は東国世界が培ったものであった。その遺産は常に東国社会と結合して日本の中世を規定した。

長い寄り道となったが、ここで北条滅亡後の鎌倉事情に話を戻したい。建武体制下での鎌倉将軍府に焦点をあて考えてみよう。

＊　この点に関連して想起されるのは、源実朝《さねとも》の暗殺と承久の乱についてだ。おそらくこの問題は鎌倉殿と将軍の関係に帰着するテーマにも繋がる。実朝は、後鳥羽《ごとば》院（王朝）とは至極良好な関係にあった。将軍たる側面こそが両者を繋ぐ〝キズナ〟だった。けれども一方で実朝は鎌倉殿としての側面も有していた。執権北条氏とほかの鎌倉御家人にとって、この後者の存在こそが重要だった。戦前の史家渡辺保『北条政子』（前掲）において、北条氏の執権体制を評して「はじめ

ての土着の政権」なる表現を用いて、源氏政権との相違を説明した。北条の権力は源氏の貴種性を媒介することで、初めて土着性を有した武士の権力を育て得たと解せられる。軍事貴族たる頼朝の源氏政権との違いを語ったものだろう。

それを援用すれば、北条氏は執権という立場で「土着の政権」を創出するために、実朝を見限ったともいえる（この場合、実朝暗殺に北条の関与があったか否かという問題ではない）。〝見限る〟とは源家将軍に濃厚な鎌倉殿的側面を排することで、北条自体の権力維持の方向に舵を切ったという意味である。

官職との距離もそうだ（四位・五位を限度＝受領ポストとして自己を規定）。それゆえに将軍は名目としての存在（摂家将軍・親王将軍）が適合する。北条という東国的土着権力の台頭にとって血脈性は常に重視される。源家あるいはそれ以上の〝貴種〟の下向を前提に、「関東」の実質を掌握する。北条得宗家が「鎌倉殿」として武家の代弁者たり得るためには、実朝以後は〝貴種〟の担保が望ましい。鎌倉殿とは将軍と異なり、王朝に同化されない自立性の証でもあった。その点で実朝は頼朝と異なり、将軍的側面を強大化して（その極点が右大臣への就任）、「関東」としての本質（「鎌倉の主」）から距離をとった（この点は拙著『承久の乱と後鳥羽院』吉川弘文館、二〇一二年参照）。

以上のこととの関係で想起されるのは佐藤進一『日本の中世国家』（岩波書店、一九八三年）の考え方である。東国に誕生した武家の権力を評して、「京都朝廷の侍大将として位置づけるか、それとも独立性をもつ政治権力に育て上げるかという政策論議とは別に、軍事団体としての本質を維持しつつ、同時に政治権力たり得るという、権力の二重性の問題が内包されている」との指摘だ。そこには鎌倉殿（＝独立的軍事団体の首長）と将軍（＝京都朝廷の侍大将）の二重の権力体という構図が与えられていることとなる。学史的整理でいえば前者に力点をおくと「東国国家論」になるし、後者で解釈すれば「権門体制論」ということになる。

足利直義と北条時行の言い分、あるいは関東の選択

鎌倉の主は新田以後、足利の勢力で固められた。千寿王の最大の後援者直義の鎌倉下向は元弘三年（一三三三）の十二月のことであった。関東の秩序回復が急務とされ、鎌倉将軍府はその布石だった。足利一門による鎌倉掌握への算段があった。直義を実質上の鎌倉殿とする方向も看取できる。直義は一方では成良親王を擁する鎌倉将軍府での公的権力の執行者として、他方では千寿王の代弁者として、という二つの面で鎌倉を切り盛りすることになる。この鎌倉将軍府はある意味でその後に登場する鎌倉府の前身ともいえる（新田一郎『太平記の時代』講談社、二〇〇一年）。その点では鎌倉に後醍醐の容認にかかる出先機関が樹立されることは、建武政権と足利勢力との妥協の産物にほかならなかった。

すでにふれたように二階堂*に鎌倉将軍府の拠点を定めた直義は千寿王を補翼しつつ、参陣した東国諸将たちへの所領安堵・恩賞沙汰を実行した。直義は実質上の鎌倉殿ともいうべき存在だった。

鎌倉の主たるその直義に試練がおとずれる。下向から一年半を経過した建武二年（一三三五）七月、北条高時の遺子時行《ときゆき》が信濃に挙兵した。中先代《なかせんだい》の乱である（北条氏を先代、足利氏を後代とし、

その中間の意味)。旧得宗被官諏訪頼重《すわよりしげ》に擁せられ信濃・武蔵をへて鎌倉を目ざす時行迎撃のため、直義は井出沢《いでのさわ》（現、町田市）に出陣するが敗走した。

直義は鎌倉撤退のおり、幽閉中の護良親王を殺害させた。直義は成良および千寿王をともない、足利一族の分国の三河へと向かった。三河で成良を京都に帰還させ、兄尊氏の来援を待った。成良の京都送還で直義は建武体制からの離脱を表明する。建武二年八月二日、京都を発した尊氏軍は征夷将軍を約束され、東海道各地域で時行軍を撃破、同十九日、直義とともに鎌倉を奪回した（『太平記』）。

この間、時行は諏訪頼重らとともに勝長寿院を居所とした。ここは義貞が鎌倉攻防戦後に布陣した所だった。北条のかつての執権館と尾根を隔て近接の地域にあり、執権北条一族の所縁の場だった。時行は先代の北条の再興を目ざし挙兵した。御内人《みうちびと》諏訪一族のあと押しでわずか二十日余りの期間ながら鎌倉の主となった。この時期、時行の叔父で高時の弟泰家《やすいえ》（鎌倉陥落後、奥州に逃れ時興《ときおき》と改名、西園寺公宗《さいおんじきんむね》の保護で京都に潜伏）も加えての計画だった。しかし連携不発で成功しなかった。後醍醐の建武体制への不満はこうした形で旧勢力北条氏への期待となって表面化した。中先代時行は北条の再生であると同時に、幕府再興の旗印でもあった**。

幕府滅亡後の数年間、鎌倉は踵《くびす》を接するようにその主を替えた。まずは新田義貞が、そして足利千寿王が、占領軍の新たな主となり、やがて建武体制下で直義が実質的鎌倉殿に、そして時行が鎌倉の主へと返り咲いた。

鎌倉では、この時点で天皇か、再度武家かの選択があったものの、現実には後者が濃厚だった。問題は旧主北条を再結集の核とするか、新たなる足利に依るか、という方向だった。旧鎌倉殿たる北条なのか、新鎌倉殿の足利なのか。多くの武士たちにとっては〝現実〟が重視された。所領安堵（保証）という現実である。建武政権への不満はあったものの、時行への与党化がもたらす果実は限界もあった。義よりも利が選択された。中先代時行は建武政権にとっては反乱軍だった。その反乱軍が鎌倉入りをなしたことへの影響が懸念された。仮に護良が時行により救出されたとすれば、事情は相当に異なっていたはずだ。護良との連携を含めての権力の構想だ。これが実現すれば護良にも、時行にも利害の一致をみる。直義が王たる護良の暗殺を命じたのは、両者の結合を断つための政治的判断もはたらいていた。

時行は鎌倉を奪還したものの、恩賞沙汰を含めそこから先が見えてこない。尊氏の京都からの出陣は、その限りでは東国の武士にとって朝廷の権威を背負った追討軍でもあり、恩賞への期待値も高かったことになる。

ちなみに『太平記』では、建武政権の立役者の尊氏には武蔵・常陸・下総・駿河・伊豆が知行国として、直義には遠江が与えられた（義貞には上野・越後・播磨が与えられた）。尊氏・直義両人への知行国が東海道諸国に集中している点は重視すべきだろう。尊氏が与えられた武蔵は鎌倉を擁する相模とともに関東の中軸であり、伊豆は関東の境界領域で、箱根・三島《みしま》・走湯山《そうとうさん》の神々の集住の場でもあり、ここを知行国として分与されたことは大きかった。さらに直義の遠江は、隣国の三河に鎌倉時代以来、足利氏の家領（一色・細川・吉良・今川など）が集中しており、兵站確保の面でも重要だった。いずれにしても、尊氏・直義の足利一門が東海道筋に、所領基盤を有したことは、中先代の乱での攻防にも大きく作用することとなった。かくして鎌倉の主人は再度時行から尊氏・直義へと交替することになる。

＊　二階堂はかつての永福寺の別称で、頼朝の奥州合戦のおり平泉の中尊寺《ちゅうそんじ》の大長寿院《だいちょうじゅいん》を模したとされる。永福寺は宇治の平等院の浄土建築をモデルにしたもので、一種の迎賓館的要素を兼ねていた。この二階堂近辺から六浦道にかけては足利一族の史跡群が目につく。報国寺《ほうこくじ》・浄妙寺《じょうみょうじ》をはじめ瑞泉寺《ずいせんじ》等々である。そして鎌倉公方御所もほど近い。鎌倉公方を支える管領上杉一門の犬懸《いぬかけ》・宅間《たくま》の管領屋敷跡もこの周辺に点在する。その点では二階堂周辺には鎌倉幕府以降の史跡群も少なくない。さらに永福寺と隣接の鎌倉宮もある（これら史跡群の解説は、第Ⅱ部を参照）。

　かつてこの地で尊氏と覇を争い、建武元年（一三三四）十一月に鎌倉配流となった護良親王は二階堂の薬師堂《やくしどう》の谷に幽閉された（鎌倉宮は明治二年〈一八六九〉に王政復古の精神にのっとり、西郷隆盛《さいごうたかもり》も関わり建立された）。ちなみに護良の身柄が敵人の足利側に引き渡されたことは後醍醐の承諾するところだったという。この時期尊氏のライバル護良の捕縛で、武家尊氏との妥協を拒みつづけた護良が排された意味は大きい。しかも京都から鎌倉へと護送され足利直義の監視下におかれたことは、公家一統主義を掲げる後醍醐政権の基盤の弱さを示すことになった。

＊＊　鎌倉を追われた時行はその後、北畠顕家軍に合流し、尊氏追討軍に加わった。その後の動向は

やがて南朝（吉野）に与党化して、反足利の立場を鮮明にしたようだ（『太平記』）。敗者たる時行は吉野と連携するなかで、再生の途をさぐろうとした。時行は後世、記憶として再起動する。伝説・伝承には虚構がつきものだが、『豆相記《ずそうき》』（『群書類従』合戦部）には以下のような話が見える。戦国大名の先駆となった北条早雲《そううん》（伊勢宗瑞《いせそうずい》）のルーツはこの時行だとするものだ。時行は南朝に味方し、その拠点伊勢に隠れ雌伏したとする。伊勢宗瑞の伊勢はここに由来し、北条の名字にも宗瑞がこの時行の末裔だったとの附会説を伝えている。この話のおもしろさは鎌倉北条氏と小田原北条氏（後北条）との媒介役として、時行が設定されていることで、鎌倉逃亡以降の動きが右のような話を登場させることとなった。

尊氏の鎌倉下向―京都か、鎌倉か―

尊氏の鎌倉下向は武士たちに歓迎された（鎌倉での当時の尊氏・直義の居所については、第Ⅱ部で述べる）。

「此比《このごろ》、公家ヲ背奉《そむきたてまつ》ル人々其数《そのかず》ヲシラズ有シガ、皆喜悦《みなきえつ》ノ眉《まゆ》ヲ開テ御供申《おともももうし》ケリ」とは『梅松論』が伝えるものだが、建武政権への離反の風潮をうかがわせる。時行を鎌倉から追撃した尊氏・直義だが、両人には京都に対しての温度差があった。京都への反旗に消極的な尊氏と、立場を異にした直義の相違だ。

だが、武家として、武士たちへの恩賞の授与の件は共通していた。その権限は武家が握るべきとの判断である。他方京都側の主張は「軍兵《ぐんびょう》ノ賞」については「綸旨《りんじ》ヲモテ宛行《あておこなわ》ルベキ」（『梅松論』）だとした。建武政権が標榜する綸旨主義（天皇の意志が優先する考え）からの当然の結論だ。けれども武家の道理を掲げる尊氏・直義にとって従軍武士への恩賞授与は、棟梁たる自己の判断にもとづくとの立場だった。これは鎌倉（＝幕府・武家）的秩序への回帰にほかならない。幕府を否定したことで樹立された建武政権にとって、恩賞授与権の掌握は大きかった。その京都側の思惑が尊氏の京都召還に繋がった。尊氏は自身の立場を表明すべく入京しようとする。けれども、直義以下の一門の武将たちは以下のように説得する。

御上洛はよろしくない。なぜなら高時を滅ぼし天下一統となったのは武略によるものです。しかし昨今、京都に居たおりには公家や義貞が度々陰謀をなして、大御所（尊氏）を亡き者にしようとしましたが、幸い運が味方して虎口《ここう》を逃れ鎌倉に来ることができたからです。

『梅松論』が語る直義の主張を意訳すればこんなところになろうか。ここには上洛による後醍醐との協調を模索する尊氏に、拾った運を自ら放棄した場合の反作用を危惧する直義の思惑が語られている。〝運は尽きるもの〟（定量主義）の直義と、〝運は開くもの〟（非定量主義）の尊氏との考え方の違いが見え隠れする。それを原理・原則派と状況派の相違と理解することもできそうだ。状況派の尊氏は現実を重視する。現に京都に天皇の政権があり、これに同化しようとする尊氏の方向である。京都に身をおく期間が長く現況を認識している尊氏の場合、上洛を選択させるのは武家の棟梁権の行方への不安があった。新田義貞との確執のなかで、京都での影響力の低下への危惧である。
この時期、尊氏はなおも京都（天皇）との連携・協調を志向していた。そこでは公家一統の後醍醐の原則主義との乖離が認識されていなかった可能性もある。例えば、尊氏が中先代の乱で東国下向のおり、征夷大将軍・惣追捕使の肩書を天皇に要請するが、結果的には征東将軍という形でしか認可が与えられなかったこと、肝心の征夷大将軍には直義のもとから帰京した成良親王が任じられ、あくまで尊氏の幕府樹立阻止の方向だったことからも推測できる。

他方、直義の場合、初期に関東に下向し、鎌倉将軍府体制を推進するなかで、京都政権との連携への限界が認識されていた。公家との不協和音を早い段階から感知した直義は、前述したように陸奥将軍府構想を逆手《さかて》に取る形で、鎌倉将軍府を現実のものにした。陸奥将軍府が陸奥＝東北方面での関東武士団分裂・離反策への布石であり、それへの対抗という面からも、直義側の判断は必要な措置だったとされる。兄弟ながら直義のほうが冷徹に足利一門と武家のその後を見据えていたのか

新田氏略系図

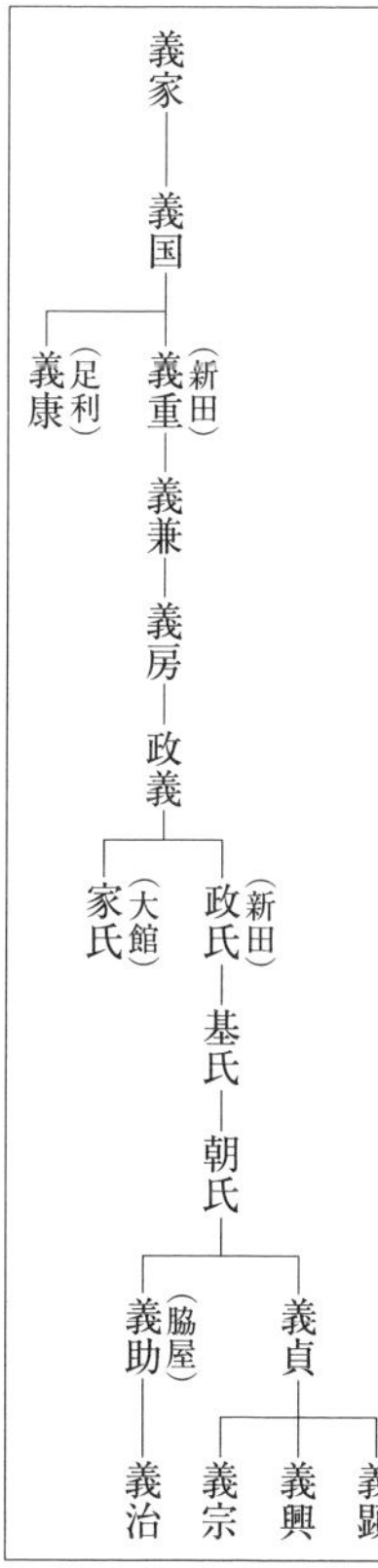

もしれない。その点では、直義は武家の故地たる鎌倉で京都の出方を見極めることを選択しようとした。直義は鎌倉派だった。南北朝の動乱をへて鎌倉府が樹立されるが、その足場はまずは直義により祖型がつくられることになる。*

足利兄弟両者の思惑とは別に京都に射程を広げると、尊氏という状況派は京都の後醍醐の政権にとっても必要だった。公家一統の至上主義を是とした天皇にとって、鎌倉派たる直義とはミゾがあったはずだ。直義が早期に鎌倉へと下向した背景にはそれが伏在した。

しばしば指摘されることがある。尊氏の躁鬱の気質についてである（佐藤進一『南北朝の動乱』前掲）。そのことは首肯に値するが、けれども一方で、その個性豊かな一人の武将をめぐっての〝取り合い〟が京都と鎌倉の間でなされたと見るべきではないか。状況派の尊氏は当然揺れる。

顔色は京都（後醍醐）をうかがいつつも、体は鎌倉（直義）に向く。比喩的にいえばこんなところだろう。小説的筆致は論外だとしても、ともども原則主義を是とした王権（後醍醐）と武権（直義）の両者にとって、尊氏という棟梁をどちらの磁場に引き込むのかが課題とされた。中先代の乱後、尊氏の東国への無断下向を不問にして従二位に叙位する京都側の懐柔策も、そうしたことの反映だった。

建武二年（一三三五）の中先代の乱はその点で尊氏の今後を占う潮目であった。直義の鎌倉は当然、上洛の気配を示す尊氏をおしとどめようとする。『梅松論』や『太平記』が語る直義の主張の背後にあるものをさぐると以上のようになろうか。別言すれば後醍醐・直義ともどもが京都と鎌倉に分かれつつ、いずれが尊氏を自己の陣営に引き込むかの瀬戸際の段階だった。

＊　かつて峰岸純夫氏は、室町幕府体制下での京都幕府と鎌倉府の両者の関係を〝兄弟国家〟と指摘した（二〇〇〇年度、日本大学文理学部大学院特別講義）。本書の行論上でも右の理解は有効な視角と思われる。尊氏の系譜をひき、京都室町将軍体制とは別個に直義の遺産を継承した鎌倉府体制が東国を規定したことは、重視されねばならない。鎌倉という場が有した求心力の原点を鎌倉幕府に求めるにせよ、ここが常に京都との対抗の磁場たり得たことの解答としては十分ではない。歴史的・地域的原形質への着目も含め、東国あるいは関東が宿した〝記憶〟にも想いを致す必要があろうか。例えば十世紀の平将門《たいらのまさかど》の乱で、『将門記《しょうもんき》』を通じて発信された記憶に坂東自立路線が濃厚に語られていた。自立の中身は明瞭ではないが、京都の天皇を「本皇《ほんのう》」としつつ、将門は自らを「新皇《しんのう》」と称することで、「桓武天皇（柏原《かしわばら》天皇）五代の末裔」たる自己を王胤としての「新皇」と位置づけるなかでの発想だ。それが『将門記』作者の「新皇」観には反映されていたとみることができる。坂東自立路線の方向性は将門以後の「兵《つわもの》」たちが共有し、そのなかで鎌倉幕府が樹立される。頼朝は当初反乱勢力として富士川合戦後に京都進攻を考え、王朝協調路線を模索したという（佐藤進一『日本の中世国家』前掲）。けれども、これを阻止したのが将門の末裔たちの東国武士団の雄たる上総・千葉・三浦の諸氏だったという。頼朝の東国政権は、自立路線と王朝協調路線が内包されていたことになる。

以上のことを考え合わせるならば尊氏・直義による〝兄弟国家〟云々とのテーマから、われわれは足利一門内部にあって、二つの路線（王朝協調派と鎌倉自立派）の両者を引きずっていることを知るべきだろう。そこには直義の構想の深部で共鳴する〝鎌倉殿〟回帰が見据えられているのではないか。

「鎌倉、元ノ如ク、柳営タルベキカ」―『建武式目』の裏事情―

尊氏と直義が苦慮したのは開府の所在地をめぐってであった。『建武式目』の冒頭に「鎌倉、元ノ如ク、柳営《りゅうえい》タルベキカ、他所タルベキヤ否ヤノ事」とある文言は、このことを語ってくれる。『建武式目』の制定は尊氏が京都にあった建武三年(一三三六)十一月のことである。ここでの眼目は尊氏・直義兄弟の政権構想である。前述の状況主義と原理・原則主義の思惑は、凝縮した形でこの『建武式目』にも見えている。時行から鎌倉を奪い返した足利勢は、従軍武士への恩賞授与の専断で京都側からの糾弾を受け、これへの対応で揺れていた。尊氏は弁明で、直義は黙殺で応じようとした。直義は京都との関係にあっては〝確信犯〟だった。

このことを当然ながら予測していた直義は、尊氏の上洛の件に関しては断固反対した。それが前項で指摘した、『梅松論』に載せる直義の兄への諫言だ。直義はそのなかで次のようにも指摘し、鎌倉に尊氏をおしとどめようとする。

この際、ご上洛はとどめられて、若宮大路の将軍家の旧跡に御所をつくられるならば、高・上杉などの家人たちが軒をならべ武家の都として立派になることでしょう。

この直義の発言は明らかに鎌倉を再び武家の府とするとの趣旨にほかならない。直義はまさしく東国・鎌倉再建派ということができる。武家再建の立場では共通するものの、後醍醐への反旗にためらう尊氏との間にはミゾがあった。協調・調和主義に立つ尊氏の方針が混乱を与えたこともたしかだった。鎌倉での武家権力の再編を目ざす直義と、そこに執着しない尊氏の相違ともいえる。

『建武式目』にはそれが反映されることになる。「鎌倉、元ノ如ク、柳営タルベキカ、他所タルベキヤ否ヤノ事」で始まる冒頭部分に、尊氏・直義兄弟の柳営（幕府）の拠所をめぐる思惑が見え隠れする（この点、笠松宏至他編『日本中世史を見直す』平凡社、一九九九年）。政策や政道に関しての構想が十七カ条にわたり記されており、足利政権の施政方針を具体化した。尊氏・直義の諮問に武家側の法曹吏僚の答申という形式をとっている。眼目は第一の、幕府の所在地を鎌倉におくか、他所に移すかを論じたものだ。少し長いけれど、重要だから抄訳しておこう。

「柳営（幕府）の拠所として鎌倉が望ましいのか、他所が良いのかということについて」。中国もわが国も、古くから都を移す事例は多い。しかし、末世になり煩《わずらい》も多いため容易ではなくなっている。特に鎌倉は、文治《ぶんじ》年間（一一八五〜一一九〇）に右幕下《うばっか》（頼朝）が武館を構え、承久《じょうきゅう》の段階で（北条）義時《よしとき》が京都を打倒し武権を確立した、武家にとって「吉土《きちど》」（縁起良き土地柄）というべきところだ。

（ところがその後）政権を担った北条氏が権勢をほしいままにしたため、滅亡した。（そうしたことだから）他所に開府したとしても政道を改めなければ、同じく権勢が傾くことは疑いない。（中国の事例をひもといても）周《しゅう》・秦《しん》の王朝は険峻な奥地であった。秦は二代で周は長期に王朝がながらえた。隋《ずい》・唐《とう》も長安に居したが隋は二代で、唐は三〇〇年にわたって政権を維持した。

以上の事例から判断して、「居拠の興廃」（柳営の盛衰）は、政道の善悪によるのであり、人の運とか土地の吉凶とかによるのではないことを示している。ただし、もし多くの人が鎌倉を離れたいと望むなら、その考えに従うことは吝《やぶさ》かではない。

およそ、こんな意味となろうか。真意不明の〝奇妙〟な内容の答申とされる。鎌倉に「柳営」（幕府）を開くべきことを前提とした文言がつづられながら、最後の一文で、「他所」（京都）への開府も吝かではないニュアンスが看取できるからだ。

この『建武式目』の制定の時期は尊氏・直義兄弟にとって多忙すぎる一年だった。この『建武式目』制定の直前の状況は次のようであった。

鎮西（九州）から再上洛をはたした尊氏・直義の武家側と後醍醐との間で和議がなされた。表面上の和議とは別に後醍醐勢力に与同する動きも京都周辺に活発化していた。そのような状況下での政権所在地をめぐる議論だった。京都をとるか、鎌倉に戻るかの選択である。結果は京都開府へと決した。ただし答申にあたり鎌倉派の直義の意志が反映されたが、京都派の尊氏の気持ちも〝忖度〟した内容ということができる。

王朝の都、京都には平安京以来の伝統があるように、鎌倉もまた〝伝統〟を主張し得る歴史をもっていた。そのことへの自負がうかがえる内容だった。

頼朝と義時については二つの画期に関わったと指摘する。頼朝の場合は「文治」段階での鎌倉開府であり、義時は「承久」段階での危機回避である。頼朝の「文治」は、「天下草創」により鎌倉という場を歴史に浮上させ、武門の組織化を可能にさせた。義時の「承久」は、武家解体の危機からの脱却を可能とさせた。前者は鎌倉を浮上させた画期をつくり、後者は鎌倉を京都に埋没させることの危機から救った。「文治」「承久」はその意味で記憶されるべき画期であり、頼朝や義時は鎌倉浮上の功労者たちだった。

武家の論理と天皇の論理

さらに『建武式目』の最後の数行には、王朝が有した延喜《えんぎ》・天暦《てんりゃく》の聖代（醍醐・村上天皇）にも言及がなされており、制定者たちの過去への認識を知ることができる。

そこには『建武式目』が頼朝・義時さらには泰時《やすとき》（義時の子）という〝過去〟をモデルとして創出している点がある。規範・先例を過去に求め、自己の指針とするのは、権力者の常だが、重要なのは武家（幕府）がその過去を自己存立の論理に組み込むまでに成長したことだった。プロデュースしたのを直義と考えることは、的外れでもなかろう。そこで語られている規範のモデルは、前代の鎌倉時代だけではなかった。前々代すなわち平安の「延喜」「天暦」にまでのばされているのである。

本文の十七カ条につづく「あとがき」ともいうべき部分には、「遠クハ延喜・天暦両聖ノ徳化ヲ訪《とぶら》ヒ、近クハ義時・泰時ノ行状ヲモッテ、近代ノ師トナス」との表現が見られる。ここには公・武の区別なく過去がそのまま語られている。そこでは平安・鎌倉の二つの時代に象徴される年号や人物が示されていた。公・武の代表ともいうべき記憶が提供されている。

『建武式目』をプロデュースしたと思われる直義は「道理」への意思を保持した人物として知られる。武家が規範化した道理の極致は、〝何人《なんぴと》たれども、正当な理由なくして、自己の領地への侵略は許されない〟ということだった。つまりは、不動産（所領）への不可侵性の観念だった。だからこそ、式目にあって頼朝や義時を持ち出し規範のモデルに求めようとしたのも、このことと関係する。政権の変容はあるにしろ、変わらないことへの確信である。「道理」とはこの不変の真理であった。変容すれども変化しないものへの希求だった。武家が求めたものはこれであった。

他方、後醍醐天皇の著名な「朕ノ新儀ハ未来ノ先例タルベシ」との論理に宿されているもの、それは変化であり変革だった。よりドラスティックな形での変化である。公・武の区別なく一元化された形での天皇による支配だ。後醍醐は、天命を自身に憑依させることで、武家が一世紀半にわたり構築してきた「道理」を外からの理念・原理を媒介とした論理（中国の宋学的皇帝思想）で解体しようとした。建武体制には、反動性と革新性の両者が併存していた（新田一郎『太平記の時代』前掲)。

過去へ回帰する反動と未来思考の革新は表裏の関係にある。考えてみれば、後醍醐という名も、建武という年号もこのことと無関係ではなかった。前者はかつて聖代とされた十世紀の醍醐天皇をモデルとして、その継承者たろうとしたことの意思の表明だった。後者は中国の漢王室の再興者光武帝の年号「建武中元」を範とした。その点では後醍醐の建武政権は〝過去〟と〝外〟をモデルとしていた。未来思考と目される「新儀」は、「今」「現在」「自己」を基準として設定される論理である。天子たる自身からすべてが始まるとの宋学的気分が前提だった。そこにあっては、「先例」は意味をなさない。否定の対象にすらあったことになる。

それは武家の幕府が積み上げてきた「道理」主義とは相容れない世界であった。相容れない点では〝なし崩し主義〟ともいうべき思考の旧来の公家・貴族社会とも一線を画したはずだ。公家社会での政治指針は先例の重視にあった。有職故実的世界がその象徴である。それは他方で、天皇の専制支配への制御にも繋がった。かつての王朝の伝統とは天皇の不動性にあった。その点で後醍醐の元弘一統は、実は王朝以来の伝統とも異なる独断を演出しようとした。それこそが「新儀」にほかならない(この点、新田前掲書も参照)。

建武新政とはおよそ右のような性格を有した政権だった。誤解なきように付言すれば、後醍醐とて道理を無視しようとしたわけではない。応分な形態での恩賞はなされたのである。けれども、それが武家の棟梁(将軍)からの授与(主従的支配)でなかったこと、これが時として武士の所領保全に不安をもたらした。

〝自己のために、家のために、一族のために〟という自己回帰の思考は、武家社会が蓄積した慣習・伝統と同居していたからだ。その思考は実利主義と当然重なった。損か得かという基準だ。けれども時間とともに建武政府のもつ〝危うさ〟が露呈され始めた時、「新儀」云々よりは「道理」への回帰が求められるようになる。鎌倉か京都かの、武士たちの「柳営」での選択は、その流れのなかでおこなわれた。

直義はなぜ弱いのか

これまで抽象的で固苦しい理屈がつづいたので、以下では少し武家の論理の代弁者直義の人となりについてふれてみたい。直義はなぜ合戦に弱いのかというテーマについてだ。『太平記』を読んでいつも不思議に思うことだ（逆にそれは尊氏はどうして強いのか）。おそらくだが、原理・原則に依拠し、自己を規制し、配下の武将をも厳しく戒めた直義は例えば苅田や狼藉的な無法行為とは距離があったに相違あるまい。少なくとも自己が直接指揮している将兵にあっては、戦場での非法は戒めの対象だったのかもしれない。このあたり直義への過ぎた美化は禁物なのだが。

他方、尊氏の執事たる高師直《こうのもろなお》・師泰《もろやす》の場合、〝現地調達主義〟だった。『太平記』が語るように、〝持てる者〟からの調達に徹した。伝統・秩序から解放された人々を当時、バサラ（婆娑羅）と称した。高師直はその婆娑羅大名の典型でもあった。彼は直義とは異なり、戦略家ではなく、戦術家だった。それゆえに戦いには強かった。後年この師直と直義が対立するのも、その両人の性格に由来したのかもしれない。

武士一般は〝食わせてくれる存在〟に忠節を尽くす。その限りでは直義は師直と比べた場合、臨機応変の幅が少なかった。〝勝つためにも手段を選ぶ〟のが直義だった。想起されるのは、尊氏・直義兄弟の八朔《はっさく》の贈物への両者の態度だ。両人の師、夢窓疎石《むそうそせき》が語る内容だともいう。尊氏は贈物を受け取りつつ、これをすべて他者に分与する。直義は贈られる理由はなしと拒否し送り返す。一見どこにでもありそうな話で、自己にも甘く他者にも甘い尊氏と、その正反対の直義の差ということになろう。川柳の著名な一句を借用すれば、「白河の清きに魚のすみかねて」の例えにも相当する、潔き武人だったのかもしれない。

中先代の乱以後

回り道をしたが再び本筋に戻ろう。尊氏・直義西上後の、鎌倉の状況である。建武二年(一三三五)十二月、義貞軍を箱根・竹ノ下(現、駿河小山)で破った足利勢は、これを追撃すべく西上する。*この足利勢を背後から北畠顕家の奥州軍が追う展開となる。このあたりの流れは『梅松論』『太平記』にも詳述されている。義貞と顕家に鎌倉挟撃の指令が出されていたが、奥州軍の南下が遅れ作戦は成功しなかった。奥州方面において、直義の意を受け奥州経略を委ねられていた斯波家《しばいえ》長《なが》は、当初、顕家に属したが、顕家の多賀城進発以後は足利一門として、奥州軍の阻止にあたった。

そのことが奥州軍の追撃力に影響を与え、義貞との合流を遅らせたとされる（『鎌倉市史』）。鎌倉は当時千寿王（義詮）が少数で守っていたが、奥州軍に占領され、千寿王も鎌倉退去を余儀なくされた。家長も奥州軍の西上以後、千寿王を補佐し鎌倉の奪回に尽力した。

陸奥将軍府を中軸とした奥州軍との対決は、想定されていたところで、既述の斯波氏の派遣と牽制はそれに対応した流れだった。ちなみに奥羽と関東の地勢的・地域的対抗は深いものがあった。八世紀末から九世紀の蝦夷との征夷戦がそうであり、十一世紀の前九年・後三年合戦、そして頼朝の奥州合戦等々もあげられる。

中先代以後の鎌倉では足利千寿王が番を張っていた。これを補佐したのが斯波家長だった。彼は奥州斯波郡を基盤とした足利一門で、奥州方面に力を有しており、千寿王の執事役だった。

また千寿王に関していえば、中先代の乱以後、鎌倉に残すことで足利勢力の今後を見据えようとした。この尊氏や直義の判断は関東の地勢論のうえでも有効だった。奥州への脅威が深刻だったからである。奥州の帰趨は東国という大きな枠組での権力支配の布石となる。かくして奥州軍を迎撃すべき鎌倉側の状況は圧倒的に不利だった。尊氏・直義は新田軍を追撃し西上しており、主力部隊のいない状況での迎撃で敗去を余儀なくされた。

奥州軍が去って以後、千寿王を補佐する家長が鎌倉周辺での局地戦を制し鎌倉入りを果たした。だが、足利体制の整備に尽力した幼少の千寿王を再び鎌倉放棄の危機が襲うことになる。二年後の建武四年（一三三七）冬、北畠顕家軍の再来である。

＊　新田義貞について補足したい。足利氏と同様に清和源氏の義国流《よしくに》に属した新田氏は、頼朝の挙兵段階での〝与党化〟につまずいた。治承の内乱段階での新田氏の動きが、鎌倉時代を通じて新田・足利両者の立ち位置を決めた。足利一門が三河を中心に家領を有し、かつ北条一門との血縁、さらには官職の有無等々、新田とは懸隔があった。棟梁の諸条件からすればその点で新田氏は劣勢だった。

〝鎌倉の主〟となる蓋然性は少ないなかで、義貞が京都に向かったのは、足利に参集する東国武士との潮目を見たからだった。その限りでは義貞の選択に誤りはない。問題は鎌倉に形ある立場を築いていかなかったことだ。義貞は勢力の拡大を天皇（後醍醐）に求めた。やむを得ざるこの選択は、近代国家の記憶のなかで蘇った時には、忠君愛国の武将として喧伝され、義貞の新田一族は開花する。その導火線は近世末期の水戸学的名分思想によることは否定できないにせよ、中世に劣勢だった新田氏が近代に復権を果たす構図は興味深い（拙著『「国史」の誕生』講談社、二〇一四年参照）。

千寿王（義詮）と鎌倉

……苟《いやしく》モ義詮東国ノ管領トシテ、タマ〳〵鎌倉ニアリナガラ、敵大勢ナレバトテ、爰《ここ》ニテ一《ひと》軍《いくさ》モセザランハ、後難遁《ごなんのが》レガタクシ……

（『太平記』巻十九）

これは数年後に当時十一歳の千寿王（義詮）が再度奥州軍を迎撃するさいの決意を伝えたものだ。その心情に仮託しての表現だろうが、鎌倉を託された足利嫡流の自負が表明されている。顕家の奥州軍が陸奥霊山《りょうぜん》（伊達郡）を出て利根川合戦で足利与党を破り、上野方面からの新田徳寿丸《とくじゅまる》（義貞次男・義興《よしおき》）や北条時行（足利打倒のため伊豆方面に潜伏）らと合流、大軍勢での鎌倉攻略だった。右の『太平記』の記事はそうした情勢下での場面である。

奥州軍の数日間にわたる鎌倉占領の間、ここを退去して三浦方面で抵抗をつづけた足利勢は顕家の西上後に再度の鎌倉回復を果たした。そのおり、斯波家長は鎌倉の攻防戦で戦死したとされる（『鎌倉大日記』）。その家長とともに義詮の補佐にあったのが高重茂《こうのしげもち》（師直の弟）だった。重茂の関東下向は建武三年（一三三六）末とされる。

この時期は『建武式目』制定のなかで京都開府へと軸足が動きつつあった。嫡子義詮を鎌倉に据え、関東武士団への求心力を維持する方向が構想された。義詮のもとで鎌倉の攻勢を総括したのは、上杉憲顕《うえすぎのりあき》と高師冬《もろふゆ》の両人だとされる。執事の立場で直義さらに尊氏から越後・常陸方面への南朝掃討を果たし、康永三年（一三四四）に、勝利して帰鎌した。鎌倉は義詮のもとで建武・暦応そして康永・貞和《じょうわ》の段階を経過する。*

すでにふれたように義詮は四歳で鎌倉入りを果たし、嫡子として東国経略の核として十六年をこの地ですごしたことになる。

ここに至るおおよその流れを整理すれば別表のようになる。

中先代以後から南北朝初期関係年表

建武２（1335）		
	７月	中先代の乱
	11月	足利尊氏・直義，官位剥奪
	12月	足利軍，新田軍を箱根で迎撃
		北畠顕家軍，奥州出発（第１回）
建武３（1336）		
	１月	尊氏軍，上洛。その後，後醍醐は叡山に
	２月	西国戦線で足利勢敗退，鎮西へ
	３月	筑前・多々良浜合戦
	４月	尊氏，東上
	５月	摂津・湊川合戦（楠木正成敗死）
	６月	光厳上皇（持明院統）を奉じ入京
	８月	光明天皇（持明院統）践祚
	９月	懐良親王を九州に
	10月	新田義貞，北国へ
	11月	『建武式目』制定
	12月	後醍醐，吉野へ（南北朝分裂）
建武４（1337）		
	３月	越前・金ヶ崎城陥落
	８月	北畠顕家軍，奥州出発（第２回）
暦応元（1338）		
	５月	顕家，和泉・石津合戦で敗死
	閏７月	義貞，越前・藤島合戦で敗死
	８月	尊氏，征夷大将軍

建武二年〈一三三五〉以来、千寿王・義詮は鎌倉を二度放棄した。両度ともこの奥州軍のために敗退している。一度目は中先代の乱後の段階〈建武二年十二月〉、そして二度目が冒頭の記事の段階〈建武四年〈一三三七〉十二月〉である。北畠顕家の二度にわたる鎌倉占領はいずれも短期間で、義詮は依然として鎌倉殿という立場を堅持しつつ東国世界の求心力だった。当初は執事として斯波家長・高重茂が補佐し、ついで上杉憲顕・高師冬がその地位についた。後者の人事は後述するように、京都における直義と尊氏の執事高一族との対抗を予兆させるもの〈直義派の上杉氏と尊氏派の高氏〉とされる〈佐藤進一『南北朝の動乱』前掲〉。京都情勢はこの間、建武体制の終焉に向け刻々と変化した。

＊　この間、様々があった。顕家・義貞の戦死があり、尊氏の京都開府と征夷大将軍就任があった。さらに北畠親房《ちかふさ》以下の東国経営のことがあった〈暦応元年〈一三三八〉〉。その後、後醍醐が吉野で没し、これにかわり義良親王の即位〈後村上《ごむらかみ》天皇〉があった〈暦応二年〈一三三九〉〉。鎌倉を含む関東の懸案は、奥羽・北関東武士団——小山・小田・白河結城の帰趨だった。とりわけ北畠親房の関東方面での経略だった〈暦応元年〈一三三八〉〜康永二年〈一三四三〉〉。五年間にわたる常陸方面での小田城・関城・大宝城での攻防戦がそれだ。この常陸戦線の段階で東国・関東武士団の判別・帰順が決したことになる。

当該期の武士たちにとって、同じく敗れるにしても、負けない方策が重要であった。「不三得七」〈降参すれば領地の三割は没収、七割は安堵〉の法という慣習は、土地・財産の破壊を好まない知恵でもあった。「負けない敗れ方」も一つだった〈自害は負けないための最終の方法ではあるにしても〉。別言すれば「家」の存続をどうすれば維持し得るかという問題にも通じていた。情勢を読むとの「観望主義」と称された行為は、「玉砕主義」〈名誉・忠節を守り死ぬこと〉とは対極に位置したが、必ずしも卑怯ではない。保身こそが一義だった。強者の圧力から家を守ることも「家」の存続に必要だった。

『太平記』が語る優れた武将の条件は「勇将」だが、それとともに戦術・戦略において「良将」であることが重要だった〈佐伯真一「『義貞軍記』と武士の価値観」〈井上泰至他編『日中韓の武将伝』勉誠出版、二〇一四年〉〉。自暴自棄にならず蛮勇に走らず、冷静に事態を見極め、時として後退しつつ時宜を待つこと。これが「良将」の条件だった。楠木正成《くすのきまさしげ》はその点で駆け引きを心得た「良将」の典型と解される。その意味では北畠親房の関東〈常陸〉攻略で、「観望主義」に立つ白河の結城親朝《ゆうきちかとも》への南朝与党化に向けての書状攻勢も、この問題と関係していたことになる。

2 鎌倉府の時代—公方たちの群像—

直義から基氏へ—鎌倉公方の成立—

鎌倉府とは南北朝期に誕生した足利氏の鎌倉での政庁で、京都との対比でいえば小幕府ということになる。実際にも「関東幕府」（義堂周信《ぎどうしゅうしん》『空華日用工夫略集《くうげにちようくふうりゃくしゅう》』延文《えんぶん》四年〈一三五九〉八月条）と呼ばれることもあった。足利義詮にかわり弟の基氏が鎌倉入りした段階、すなわち貞和五年（一三四九）七月以降の成立とされる。

鎌倉幕府滅亡後の元弘三年（一三三三）から建武二年（一三三五）の中先代の乱をへて、鎌倉府成立までの間に、鎌倉の主は直義から義詮に、そして基氏へとかわったことになる。この間これを補佐した存在は、時に執事とも執権とも、あるいは管領とも呼称された。その顔ぶれを整理すれば次のようになる。

①まずは細川和氏の補佐があった（元弘三年五月）。四歳の千寿王（義詮）の支えとして、新田義貞の鎌倉攻略と占領段階。

②次に直義下向にともなう鎌倉将軍府の段階（元弘三年十二月から建武二年七月まで）。この間、護良親王の鎌倉配流（建武元年〈一三三四〉十一月）があり、中先代の乱（建武二年七月）での敗走

があり、さらに鎌倉再奪回があった。
③ついで斯波家長の補佐があった（建武二年十二月）。竹ノ下合戦後における鎌倉での体制整備がなされた。この間奥州軍による鎌倉攻略もあった。
④高重茂の補佐があった（建武三年〈一三三六〉十一月頃）。京都方面で足利勢力の優位が決定。この時期『建武式目』の制定があった。
⑤そして上杉憲顕・高師冬の補佐があった（暦応三年〈一三四〇〉）。

ちなみに、その基氏について辞典風に整理しておくと以下のようになる。母は兄の義詮と同じく赤橋登子《あかはしとうこ》（執権北条守時《もりとき》の妹）。上杉憲顕・高師冬の補佐で十歳で鎌倉下向。二十八歳で没するまで関東経営に尽力。元服後の、文和元年（一三五二）左馬頭、その後左兵衛督に。延文三年（一三五八）に新田義興や一門の畠山国清《はたけやまくにきよ》を打倒、貞治二年（一三六三）には上杉憲顕を関東管領にむかえ鎌倉府の基礎をつくる。

こんなところであろうか。日々関東の戦陣にあった基氏の墓所は鎌倉の瑞泉寺にある。基氏の鎌倉下向は観応《かんのう》の擾乱《じょうらん》の直前の時期だった。直義失脚後、尊氏は義詮を京都に呼び戻し、次男の基氏を鎌倉に派した。尊氏は自身の分身を京都・鎌倉に配することで、公武両勢力の統合を企図した。とりわけ、義詮の同母弟だった基氏は『足利系図』によれば誕生後に直義の猶子となっていることは留意すべきだ（この点、田辺久子『関東公方足利氏四代』吉川弘文館、二〇〇二年参照）。したがって基氏の鎌倉派遣には、失意にある直義への配慮があったのかもしれない。もちろん政策判断が優先

基氏関係年表

暦応3（1340）		
		足利基氏，誕生
貞和5（1349）		
	9月	基氏，京都出立（10歳）
観応2（1351）		
	1月	基氏，判始（12歳）
観応3（1352）		
	2月	基氏，元服。直義死去
	閏2月	南朝と尊氏の和議破られる。新田義興・義宗の上野挙兵
	3月	尊氏，武蔵野合戦・鎌倉合戦をへて鎌倉帰還
	8月	基氏，左馬頭（13歳）
文和2（1353）		
	7月	尊氏，基氏の執事として畠山国清を任命
		基氏，武蔵・入間川に在陣（～1362。「入間川御陣」）
延文3（1358）		
	4月	尊氏死去（54歳）
	10月	新田義興，武蔵・矢口渡で謀殺
	12月	足利義詮，征夷大将軍

したとしても、である。

基氏は鎌倉府の初代の「公方《くぼう》」とされる。そもそも「公方」とは何であったのか。鎌倉後期・室町期の幕府・朝廷の両者を総体としてさす呼称。これが教科書的な解釈なのだろう。多義的であり、時として内裏や天皇あるいは将軍をさすこともある。

たしかに鎌倉府の長は「鎌倉公方」なり「関東公方」と呼称された。鎌倉殿・鎌倉御所という表現と同様な意味で用いることもある。少なくとも官職上のものではなかった。京都（室町）幕府の長たる将軍に準じた関東（鎌倉）府の首長をいった。京都幕府にあって将軍を補佐する職責として「管領」があった。これと同じく、鎌倉府において、鎌倉公方を補佐する職責が「関東管領」だった。その限りでは、京都・鎌倉の管領の上位に立つ「公方」は規定外の称ということになる。それゆえに「公方」は〝上〟〝天皇〟をさすこともあり、〝天下〟〝公法〟〝公界〟〝無縁〟といった諸概念と親和性を有した。

ただし「鎌倉公方」という観念には、一種の〝危うさ〟がともなっている。つまりは秩序統合の体現者との関係においての〝危うさ〟である。いうまでもなく武家にあっては、京都将軍は天下における法秩序の体現者だったからだ。

対して「鎌倉公方」（当初は関東管領と称された）の場合、〝東国あるいは関東における御所〟というほどの意味で、京都将軍（公方）との血脈性が前程だとしても、そこに〝危うさ〟が内包されている。

かつて「関東」と自称した武家の統治機関、それは後世鎌倉幕府と呼ばれた。その武家の府は一五〇年続いたが、それと「鎌倉府」との相違はどこにあったか。

鎌倉幕府の時代、「関東」の政権は京都王朝の公家勢力とは別居思考が保持されていた。「関東」は政治的変圧機能（官職の推挙など）を介して、王朝との関係性を担保していた。そこでは軍事団体としてのバリアーが保持されていた。この〝和シテ同ゼズ〟的武家の政策方針と、この軍事団体が京都王朝にとって幕府と認識され、公武協調での統治権力へ成長するプロセスは、別個の問題である。

武家が有するこの二重性（「関東」という側面での自立と、「幕府」観念が有した統合的側面）こそが、「公方」概念を武家の首長に付与させる条件といえる。「公方」の登場はその限りでは政治・統治機関として京都に対峙できるまでに成長した武家が、諸権門の利害の調整者たり得たことでの呼称だった。鎌倉時代をへることで「鎌倉」は「公方」を誕生させたともいい得る。

そうした関東の歴史性は、再生された鎌倉でも生きつづけた。直義を媒介として、点線として基氏に継承された。後述するように、人脈としての上杉氏との関係もそうだった。幕府の首長たる尊氏と直義との二頭体制下での〝兄弟国家〟としての遺産から、「関東」（鎌倉）を尊重する姿勢をとった。「鎌倉公方」の呼称の背景をなすものとして、こうした点が考慮されるべきだ。*

だが、それだけでは正鵠《せいこく》を射《い》ることにはならない。「鎌倉」自体が幕府倒壊後の内乱をへて、新しい政治権力の場たり得る条件が成熟していたことも大きかった。京都の将軍と「公方」の呼称を共有し得る状況だった。

地域としての鎌倉の自己主張は十二世紀末の頼朝の開府であったことに異論はあるまい。西高東低の律令国家を脱皮することで、東国は武家の権力を樹立する。鎌倉時代は入口の承久の乱と出口の元弘の乱で、後鳥羽上皇と後醍醐天皇の二人の「至尊」勢力を擁し武家打倒を試みた。前者は失敗し、後者は半ば成功した。武家の危機を鎌倉は共有しつつ、この南北朝をむかえた。ここにあって武家が京都を圧し、それを接収する方向が歴史のなかで成熟しつつあった。

鎌倉公方は武家の棟梁権を掌握した尊氏がその武家的貴種性を、関東に〝分配〟させることで登場した呼称ともいえる。と、すれば尊氏以後、兄弟の二つの地域の政治権力はともどもが「公方」を樹立させている以上、世代を隔てるごとに血脈的・一族的倫理要素とは異なる対抗意識が芽生える。このあたりの事情は表現は違っても、多くの歴史家が陰に陽に語ってきた中身と大きくズレていないはずだ。

＊「鎌倉公方」云々を考えるにあたり、別の角度から耕しておきたい。すでにふれた『建武式目』を思い出してほしい。延喜・天暦の聖帝という公家的記憶と文治・承久という武家的記憶が対《つい》となる形で継承されていたことを。ここにあっては武家が「至尊」たちをも共通の記憶に順化・同化させていたことだ。武家の府としての鎌倉の経験値の蓄積が京都王朝の相対化を可能にさせた。『太平記』が後醍醐天皇の挙兵をさして「天皇御謀叛」の言説をあてたことは興味深い。いうま

でもなくこの表現は、秩序の支配者たる天皇の理念と齟齬をきたすものである。本来、「治天ノ君」の語からもわかるように、親政・院政を問わず、秩序支配の委ねられ方が揺れており、政治権力がどこに収斂してゆくかが、不安定な状況下での語感といえる。その点で、武家（幕府や鎌倉府）の首長を公方と称するのは、「治天ノ君」たる至尊的世界が一種ではなく、秩序・統合の代表が分散・多極するなかで成立するのだろう（この点、新田一郎『太平記の時代』前掲参照）。

基氏、あるいは「観応の擾乱」―足利内紛の余波―

兄義詮と交替で基氏が鎌倉に下向したのは、『園太暦《えんたいりゃく》』（洞院公賢《とういんきんかた》の日記）によると、貞和五年（一三四九）七月とされるが、『武家年代記《ぶけねんだいき》』『八坂神社記録』などから九月が正しいようだ。すでにこの時期、京都にあって尊氏の執事高師直と直義との確執が表面化しており、「観応の擾乱」の予兆が始まっていた。鎌倉の主役は以後この基氏が担うことになる。尊氏・直義の対立に繋がるこの内紛の余波は、鎌倉にも大きな影響を与えることとなる。

既述のように基氏は直義の猶子とされ、直義にとってはその下向は好ましい方向だった。高一族との確執の結果、直義は出家を余儀なくされた。義詮への政務移譲と引き換えに、直義は鎌倉への基氏下向を構想したとの指摘もある。鎌倉将軍府以来、関東方面と深い関係にあった直義には上杉憲顕以下の与党勢力もいた。基氏はその上杉氏の保護下で初代鎌倉公方として成長する。

十歳で京都から鎌倉に下向した基氏は、二十八歳で死去するまでの約十八年間、鎌倉殿としてこの地に住した。場所は足利氏歴代の縁《ゆかり》の地で現在の浄妙寺の東側一帯である。竹の寺として有名な報国寺をはじめ、犬懸・宅間両上杉の管領屋敷も近辺に所在するエリアだ。滑川に沿う形で六浦道（金沢道）が朝比奈方面にのびる。現在はこの地に「足利公方邸旧蹟」の碑が建立されている。この付近は元来、大江広元《おおえのひろもと》の所領とされたが、三浦合戦（宝治合戦、宝治元年〈一二四七〉）のさい、広元の子毛利季光《すえみつ》（西阿《せいあ》）が三浦氏に加担したために足利義氏《よしうじ》に与えられ、鎌倉期をつうじ泰氏《やすうじ》・貞氏《さだうじ》とその一族に伝領された（『鎌倉市史』総説編）。以後、歴代の鎌倉公方はこの地域を拠点としたという。

ちなみに、この六浦道の西方には鎌倉期の源家の関係史跡が少なくない。大蔵（倉）幕府跡をはじめ、源家の菩提寺たる勝長寿院、北条執権屋敷（宝戒寺）さらに永福寺（二階堂）などの史跡群が点在している。その意味で足利一門が浄妙寺近傍に鎌倉府の御所を営んだことも首肯されよう。

話を戻すと、その基氏は鎌倉下向直後に観応の擾乱の波を被ることになる。観応元年（一三五〇）十月、直義は京都を脱出し高師直討伐の兵をあげる。これに呼応するように鎌倉では、上杉憲顕が領国の上野に出立する。これを討つべく高師冬は基氏を擁し鎌倉を発したが、毛利荘の湯山（現、厚木市）で憲顕勢力に基氏を奪われ、玉を失った師冬は甲斐にて敗死する。観応二年（一三五一）の一月のことだった。

上杉勢は基氏を擁し鎌倉へと帰還を果たす。鎌倉殿基氏を誰が掌中におさめるかが分かれ目となった。ちなみに観応二年二月、師直・師泰の敗死後、直義・尊氏の対立へと発展、最終的には同年十二月の駿河の薩埵《さった》山《やま》合戦(現、静岡県興津)で、直義が敗北し終止符がうたれる。

　当該期の関東全体を視野に整理すれば、次のようになる。

　観応の擾乱後は鎌倉の争奪がつづいた。文和《ぶんな》元年(一三五二)二月、基氏の元服と前後するように、直義の死去があった。その時期、上野で南朝の新田義興・義宗《よしむね》・脇屋《わきや》義治《よしはる》の挙兵がなされ鎌倉は新田勢に攻略された。尊氏・基氏は鎌倉を放棄するが、その後、武蔵野合戦・鎌倉合戦・笛吹峠《ふえふきとうげ》合戦などをへて、尊氏・基氏は再度、鎌倉の奪回に成功する。

　足利内訌に端を発した観応の擾乱は、諸国に逼塞する南朝勢力を活発化させることとなった。直義の死後、その与党が南朝勢と共闘する動きが出ていた。鎌倉を軸とした東国の安定確保のため、尊氏は基氏に武蔵の入間川への長期滞陣を命じた。「入間川御陣《いるまがわごじん》」(現、埼玉県狭山市徳林寺周辺)と称されたこの在陣で、関東武士団を掌握しようと努めた。

　武蔵の入間川は鎌倉街道の要所で、上野と相模の南北の接点だった。併せて奥州さらに信濃方面

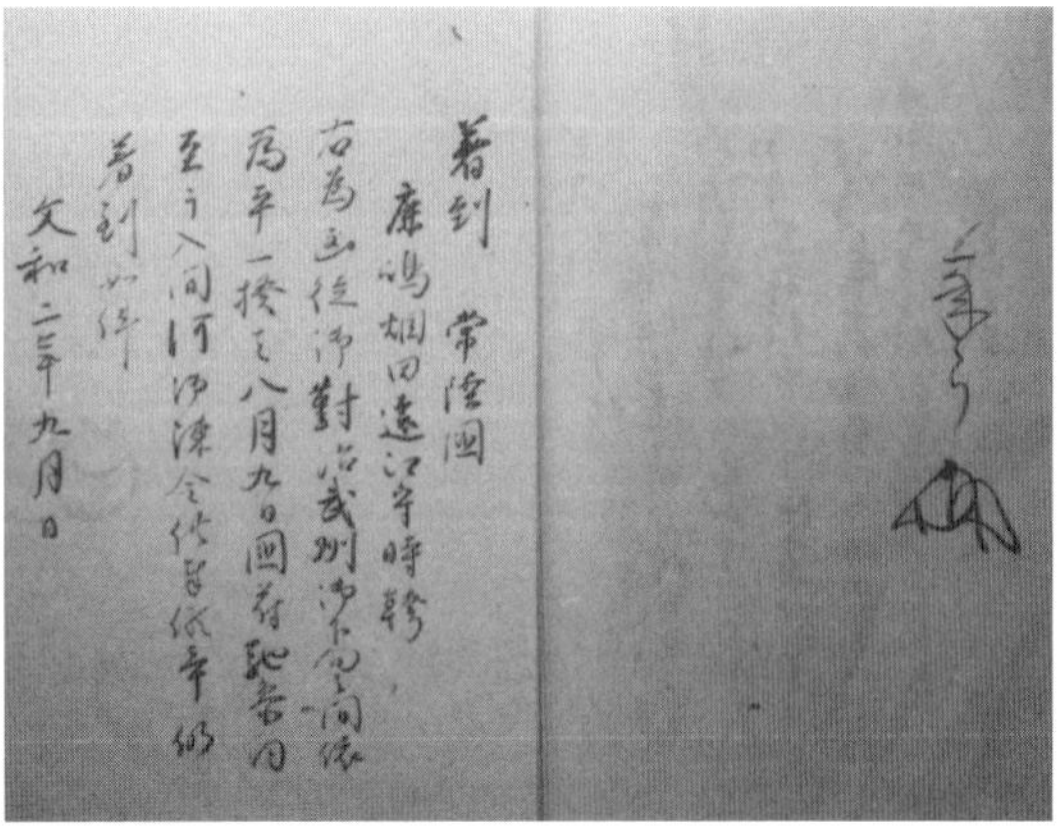
着到　常陸国
鹿嶋烟田遠江守時幹
右為凶徒御対治武州御下向之間依
為平一揆于八月九日国府馳参
至于入間河御陣令供奉候畢仍
着到如件
文和二年九月　日
承了

烟田時幹着到状(京都大学総合博物館蔵)

「観応の擾乱」関係年表

貞和５（1349）
　閏６月　足利直義と高師直不和
　８月　直義出家
　９月　足利基氏，鎌倉下向
観応元（1350）
　10月　直義，京都脱出，大和へ
　11月　直義，師直討伐の挙兵
　12月　直義，南朝と和議。高師冬，上杉憲顕追討のために鎌倉を出る
観応２（1351）
　１月　直義入京。尊氏・義詮を播磨へ移動。師冬，甲斐で敗死
　２月　直義，尊氏と和議。上杉能憲，高師直・師泰を武庫川で殺す
　８月　直義と尊氏対立。直義，北陸へ
　10月　尊氏，南朝と和議
　11月　直義，鎌倉に到着，上杉憲顕と合流
　12月　駿河・薩埵山合戦，直義敗走
文和元（1352）
　１月　尊氏，鎌倉入り
　２月　基氏元服，直義死去（47歳）
　閏２月　正平一統の和議が破約。新田義興・義宗の上野挙兵，上杉憲顕も義宗軍に。武蔵野合戦・鎌倉合戦，笛吹峠合戦
　３月　尊氏，鎌倉奪回。義詮，京都奪回
文和２（1353）
　７月　尊氏，鎌倉から京都へ。基氏「入間川御陣」（～1362）
延文３（1358）
　４月　尊氏死去
　10月　新田義興，矢口渡で謀殺
　12月　義詮，征夷大将軍
康安元（1361）
　11月　畠山国清，基氏に背き伊豆に
貞治６（1367）
　４月　基氏没す（28歳）

の東西ルートの要衝《ようしょう》にあたる。いわば鎌倉防衛の生命線ということになる。前述した武蔵野合戦や笛吹峠合戦で、この武蔵方面での戦略的重要性は認識されていた。

「入間川御陣」は北関東を含む上信越さらに南奥州武士団掌握のポイントでもあった。それゆえ、この地域の軍事的拠点化は課題となっていた。とりわけ南朝勢力の中心新田一族は、上野さらに越後方面に勢力を有していた。これへの対応のためにも、武蔵入間川での鎌倉殿基氏の在陣は必要とされた。『烟田《かまた》文書』に所収の文和二年（一三五三）九月「烟田時幹《ときもと》着到状」（『烟田氏史料』五三号）には、武蔵に下向した基氏の警固にあたった常陸の烟田一族の様子が語られており興味深い。

この時期、各関東武士団が伝える文書史料には、この烟田氏のような軍忠状が残されている。地域武士団の動向を知るうえで貴重な情報といえる。

この基氏の入間川御陣は康安《こうあん》二年（一三六二）までのおよそ十年弱に及んだ。離合集散をくり返す関東の平定には、基氏はこれほどの時間を要した。尊氏が京都へと戻ったのは文和二年七月のことだった。基氏とともに鎌倉を奪回して間もない時期のことだ。尊氏は再び義詮が苦戦する京都を目ざした。尊氏は上洛により、西国戦線の回復を目ざしていた。京都で劣勢にあえぐ義詮を援護し軍事的安定が急務とされた。

畠山氏略系図

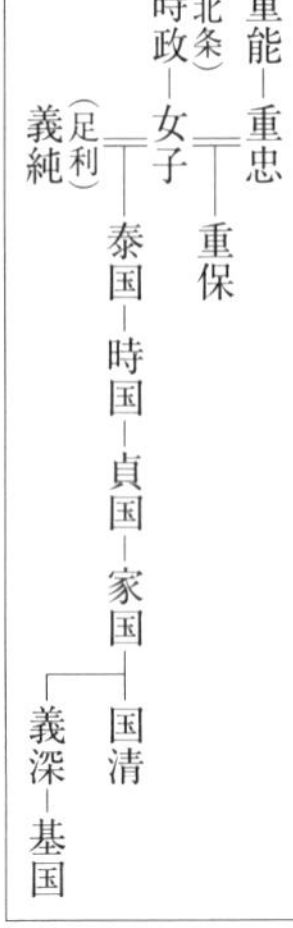

尊氏は上洛にさいし、畠山国清を関東執事に任じ基氏の補佐にあてた。国清は源姓足利氏に属す名門であった。基氏の妻はこの国清の妹（畠山家国《いえくに》の娘）で、国清と基氏の両者は協調の体制にあった。当該期の入間川在陣中には新田義興を武蔵矢口渡において敗死させた（延文《えんぶん》三年〈一三五八〉）。しかし、やがて両者は決裂した。その確執云々については『太平記』その他に詳しい。

この間、東奔西走の尊氏も延文三年に没し（五十四歳）、京都・鎌倉の両府の主役は義詮・基氏の兄弟へと代がわりとなる。鎌倉では、畠山国清から、基氏の強い要請で上杉憲顕の関東管領復帰が実現する。尊氏に対して異旗《ことはた》をたてた憲顕は、直義党だった。〝原隊復帰〟を懇願する基氏の意向が認められた。「案者第一ノ人ニテ関東ノカタメ此人ニ非ズンバ叶フマジ」（『鎌倉大草紙《かまくらおおぞうし》』）といわれるほどに期待値が高い人物とされた。畠山国清にかわり、帰り咲いた上杉憲顕との二人三脚体制で鎌倉殿基氏は鎌倉府の運営にあたることになる。

基氏から二代氏満へ―両府確執の予兆―

南北朝期、鎌倉の主役はまずは直義が、そして義詮、さらに基氏へと足利の血脈がこれを継承した。観応の擾乱後、年号は北朝にあって文和―延文―康安―貞治《じょうじ》とつづく。この間、南朝にあっては後醍醐を継ぐ後村上天皇の正平《しょうへい》がつづいた。

大枠でいえば、一三五〇年代に勃発した観応の擾乱後の十年間をへて、京都・鎌倉の両府は安定をみる。例えば貞治年間（一三六二～一三六八）の一三六二年、東西の有力武将が投降し帰順した。

上杉氏略系図

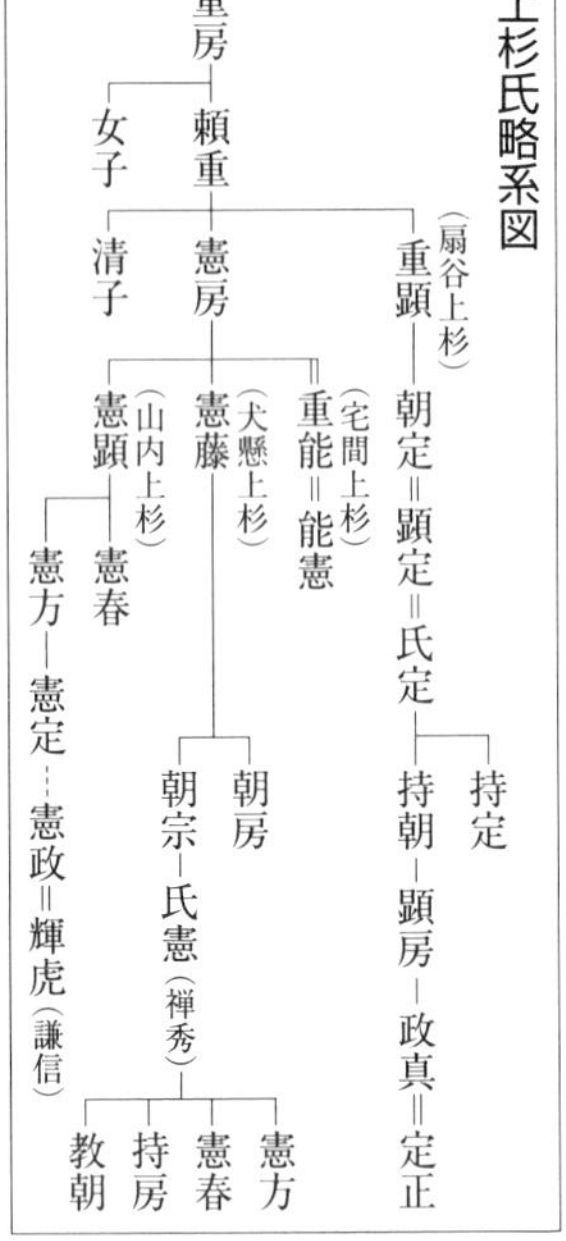

九月、基氏に反旗した畠山国清が伊豆で投降、同じく九月、山陽方面の有力守護・大内弘世《おおうちひろよ》が幕府に帰伏。そして山陰の山名時氏《やまなときうじ》も帰順する。

この時期、鎌倉府にあっては基氏のもとで上杉氏が、そして京都幕府では義詮のもとで斯波氏の統治体制が生まれた。両府ともども大小の問題を抱えながら貞治年間が推移する。貞治六年（一三六七）四月、鎌倉殿基氏が二十八歳で死去した。基氏の死因は諸説あるが、「斑倉所労」と『師守記《もろもりき》』貞治六年五月三日条にあり、麻疹《はしか》といわれた。ただし『難太平記《なんたいへいき》』には基氏の死を、兄義詮との確執による自害としており、兄弟の対立をあおる風聞もあった。この点、例えば「両雄ハ必ズ争フト云習《ならわし》ナレバ、鎌倉ノ左馬頭殿（基氏）ト宰相中将殿（義詮）ト御中、何様不和ナル事出来又ト人皆危ミ思ヘリ」（『太平記』巻三十四）の記述からも推測可能だ。

それはともかく基氏は日常より帰依していた禅僧の義堂周信らが儀に従って荼毘に付された。遺命により瑞泉寺に葬られた。瑞泉寺はよく知られているように、夢窓疎石を開山《かいさん》とする寺で、鎌倉公方の菩提寺と目され、今日でも歴代の公方墓所とされる。そして同年末には京都の義詮も三十八歳で没した。同じ年に鎌倉と京都の主が没した。

観応の擾乱の直前、両人は入れかわる形で京・鎌倉の主人となり、戦陣の日々をすごした。京都では義詮にかわり三代の義満《よしみつ》が幼少ながら細川頼之《よりゆき》の補佐で、他方の鎌倉府では金王丸（氏満《うじみつ》）が基氏の後継となった。両府の主はほぼ同じ世代だった。

東国はこの新鎌倉殿を軸に推移する。氏満時代を十年を区切りに整理すれば一三七〇年代での「康暦《こうりやく》の政変」に関わる氏満の反乱未遂事件、さらにつづく八〇年代の小山義政《おやまよしまさ》・若犬丸《わかいぬまる》の乱が特筆される。鎌倉公方としてはこれまた戦いのなかにあったが、基氏時代との最大の相違は京都幕府との相剋が表面化したことだった。鎌倉府の権限伸長にともなう東国武士団との勢力圏の攻防も加わり、京都派と目される武士たちとの対立が生じていった。この氏満時代は南朝云々は現実味をもたず、京都における幕府（武家・将軍）との対抗が課題となっていった。二代氏満以降、京都幕府との懸隔の背景には、そんなことがあった。京都将軍（義満）への対抗が鎌倉という場で醸成されることになる。

そのあたりは後にふれるとして、氏満の周辺を少し耕しておこう。母はすでにふれた畠山国清の妹（基氏の室）とされる。基氏急逝後、その年の五月、京都の義詮により佐々木導誉《ささきどうよ》（高氏）が鎌倉に派された。武家の危機を幾度も救った導誉への信頼は厚く、鎌倉府の当面の仕切りのためとされる（『師守記』）。この時期、管領上杉憲顕は基氏死去後の案件を解決すべく上洛していた。その後、将軍義詮死去による義満の家督相続慶賀のため上洛した。

おりしも、両府の首長ともどもが交替した間隙をぬうように、関東では平一揆《へいいっき》・宇都宮一族の連携の蜂起がおこった。憲顕上洛中のことだ。この報に接するや鎌倉に戻った憲顕は、新鎌倉殿氏満を擁して武蔵・下野に向けて進発した。そして応安《おうあん》元年（一三六八）六月の川越合戦、八月の宇都宮合戦で両勢力を鎮圧した。両勢力が連携しての蜂起には、上杉氏の関東進出で権益喪失への危機感があったという（『神奈川県史』）。

上杉憲顕は宇都宮氏綱《うつのみやうじつな》を降した直後、六十三歳で死去する。後任の管領には憲顕の子能憲《よしのり》（宅間上杉氏の重能の養子となっていた）と甥朝房《ともふさ》（憲顕の女婿《じょせい》）が就任した。かつての基氏―憲顕体制から氏満―能憲・朝房体制へと移ることになる。その限りでは平一揆・宇都宮両蜂起の鎮圧は、氏満にとって新鎌倉殿の力量が試される戦いだった。一方、憲顕にとっては鎌倉府体制をより堅固なものにすべく上杉一族の総力をあげての戦闘だった。

この関東の争乱を平定したことで、鎌倉公方の求心力は高まりを見せる。氏満はその後、応安六年（一三七三）十一月、正五位下左馬頭に、十二月には判始《はんはじめ》の儀がなされた。武家の慣例では元服後の十五、六歳が判始の時期とされ、氏満もこれにならったようだ。

鎌倉にあってその氏満の精神的支柱となったのが基氏以来の義堂周信だった。唐の太宗《たいそう》の政治信条とされる『貞観政要《じょうがんせいよう》』を氏満に示し、治政者たる心構えを伝えたのも、義堂とされる。当時、この義堂は鎌倉の報恩寺《ほうおんじ》にいたが、その後の康暦二年（一三八〇）に京都建仁寺《けんにんじ》住持就任で上洛する。源頼家《よりいえ》の開基にかかるこの寺は、臨済禅の祖師ともいうべき栄西《えいさい》の開山と知られる名刹《めいさつ》だった。京都将軍義満の招聘《しょうへい》によったとされるが、あるいは氏満も私淑《ししゅく》するこの禅家に、鎌倉の動静を確かめるためだったとも考えられる。「天下ニ両将軍アルガゴトシ」とは『足利治乱期《あしかがちらんき》』が語る氏満と義満両者のあり方を伝えるものだ。

氏満、あるいは「康暦の政変」―小山氏の乱と東国―

鎌倉にあった氏満に〝動の後半生〟がおとずれる。同世代の義満への対抗、そして京都への抗心は、「康暦」の段階に生じた。氏満以後の鎌倉府の動向に関しては幾つかの史料がある。とりわけ『鎌倉大草紙』が役立つ。『太平記』『梅松論』以降の東国方面の出来事を知るうえで、多くの情報が提供されているからだ。「記録」とともにそこには「記憶」も埋め込められている。その名のごとく鎌倉を主軸にした関東の大局が語られている。

『鎌倉大草紙』の冒頭は「康暦の政変」(康暦元年〈一三七九〉)から始められている。この年、氏満は二十一歳である。管領は上杉憲春《のりはる》で、前年に兄能憲が四十六歳で病没、後継としてその任に就いた。その憲春が主君氏満への諫めで自死する場面から話は始まる。氏満が京都の政変(管領細川頼之と斯波義将《よしゆき》が対立。義将が新管領に就任した事件)に乗じ兵を動かそうとしたからである。『鎌倉大草紙』には憲春の弟憲方《のりまさ》(道合。ほかの史料では兄とも)に命じ上洛を企図したとある。

当時、京都からは、この政変劇に関係した守護土岐《とき》氏の粛清の件で出兵要請がなされていた。氏満の派兵はその要請に対応する形でなされたものだった。一説には斯波義将との連携によるともいわれ、義満への抗心が京都・畿内の政治情勢に連動していたことがわかる。憲春の諫死と京都政変

小山氏略系図

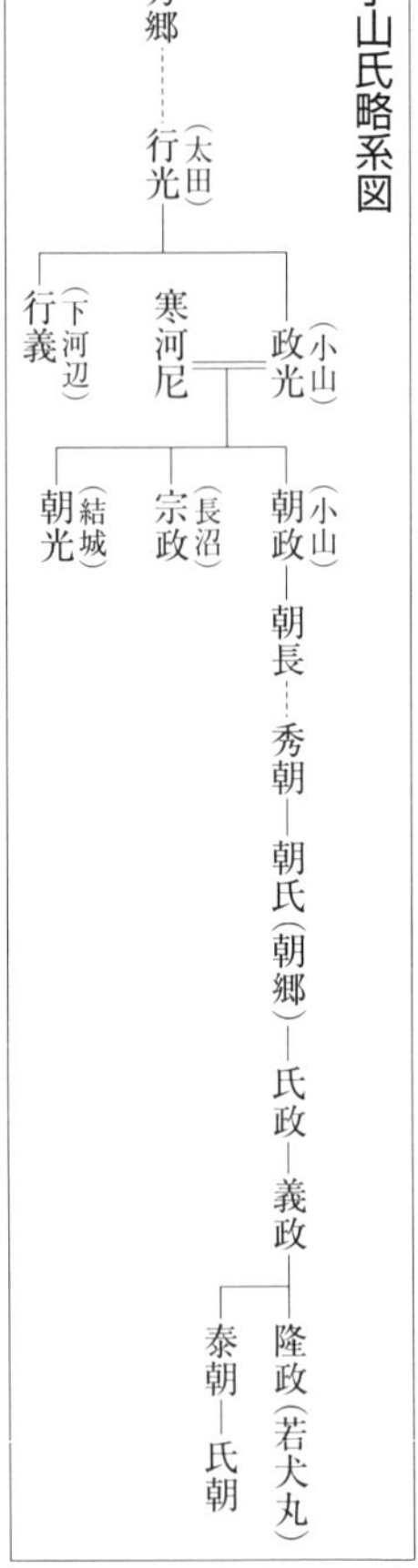

の鎮静化で箱根の坂を越え三島にいた憲方の鎌倉府勢は、帰鎌する。

氏満の叛意を利用する勢力があったことは疑いない。「京都ノ動闘ニ付テ内々ススメ申人アリケルニヤ」との『鎌倉大草紙』の言説からも推測できる。「氏満ノ逆心」とは「京都ノ公方将軍ノ御望」であり、これを諫めるための憲春の死であった。派兵が不調に終わった氏満は、その後、京都に対し叛意なき旨の誓文を送った。義満側は受諾したものの、疑念は払拭されたわけではなかった。

「康暦」は、氏満にとって別の事件とも重なった。膝元の関東さらに奥州を巻き込む乱が勃発した時期でもあった。北関東の雄族小山義政・若犬丸の乱である。康暦二年（一三八〇）から約十七年間にわたる断続的な反乱で、氏満の闘諍鎮圧のエネルギーの過半はこれに注がれたといっても過言ではない。発端は下野国内の小山（義政）・宇都宮（基綱）両者の所領紛争とされる。* この対立で小山氏側が宇都宮氏を攻略、氏満はそれを鎮めようと出兵したが、小山一族は鎌倉府に敵対した。秀郷《ひでさと》流藤原氏の末裔小山氏と道兼《みちかね》流藤原氏を祖とする宇都宮氏の両者は鎌倉期以来の北関東の名家だった。とりわけ宇都宮氏については、基氏の時代に鎌倉府に対立、牙を抜かれていた。その宇都宮氏に対し鎌倉府側は、忠節の証に「小山退治」を命じた可能性もある。小山氏の乱はいずれにしても氏満にとって、大きな試練となった。

小山氏の乱と氏満の遠征に関しては『鎌倉大草紙』にも詳述されているが、別表を参照し了解されたい。この闘諍は、第一期の義政による段階と、第二期の子息若犬丸の段階に分けられる。とりわけ後者の若犬丸の蜂起は北関東さらに南奥州にわたり、小田氏だけでなく三春《みはる》方面の田村氏を引き込む長期戦であった。この両氏はかつて南朝に与党化した勢力であり、氏満の鎌倉府にとっては、〝前科〟があった。

その動きに呼応するように新田一族の蠢動《しゅんどう》もあった。小山氏の乱の長期化は、奥羽方面の反鎌倉府勢力との連携に繋がることになる。「康暦」以後「応永《おうえい》」まで、若犬丸の乱はその敗死まで続いた。この間年号は永徳《えいとく》・至徳《しとく》・嘉慶《かけい》・康応《こうおう》・明徳《めいとく》と推移した。

氏満の鎌倉府の懸案はこの戦いを通じ明らかとなった。対奥州への戦略的弱さである。具体的には鎌倉と奥州との間における橋頭堡であった。かつて基氏の時代には入間川御陣という形で、公方自らが出陣し基盤固めをおこなった。鎌倉府の東国での成敗権の範囲は坂東八カ国に伊豆・甲斐を加えた十カ国とされてきた。奥羽両国はその限りでは京都幕府の支配下に属す形となっていた。このことが若犬丸蜂起にさいし、鎌倉府の奥州武士団への支配を不充分なものとしていた。奥羽の安定は幕府にとっても大きな課題であった。

小山氏の乱の経過

康暦2（1380）		
	5月	小山義政，宇都宮基綱と争い殺す
	6月	足利氏満，義政追放令を発す。武蔵府中に出陣
	8月	上杉憲方（山内）・上杉朝宗（犬懸），下野の大聖寺に布陣。義政の拠点，小山城（祇園城）にせまる
	9月	義政，和議を請う。氏満受諾，武蔵府中に帰陣
永徳元（1381）		
	1月	京都将軍・足利義満からの討伐許可
	2月	上杉朝宗らによる小山城攻略の再開
	8～11月	小山城の近隣の鷲城の攻防戦
	12月	義政らの祇園城の敗走と降伏。義政が出家（永賢），降伏。若犬丸とともに氏満に帰陣。太刀・馬を献上
永徳2（1382）		
	3月	義政，祇園城を焼き，若犬丸とともに都賀郡糟尾山に逃亡
	4月	氏満，再度，糟尾の長野城攻略。義政，糟尾山中で自害。若犬丸は陸奥の田村氏のもとに逃亡
至徳3（1386）		
	5月	若犬丸，田村則義の後援を得て，再度挙兵
	7月	氏満，若犬丸打倒のため古河に出陣。若犬丸，祇園城を放棄，逃亡
	12月	氏満，鎌倉帰着
嘉慶元（1387）		
	5月	若犬丸，常陸小田城の小田孝朝のもとにいることが発覚
	7月	氏満，上杉朝宗らに小田城を攻撃させる。若犬丸，常陸宍戸の男体山（難台山）城に逃走
嘉慶2（1388）		
	5月	朝宗，包囲10カ月にして男体山城を攻略。若犬丸，三春城の田村義則らのもとに逃走
応永3（1396）		
	2月	若犬丸，新田義宗の子とともに田村で挙兵。氏満，鎮圧のために鎌倉出立
	6月	氏満，白河の結城満朝の館に入る

7月　氏満，鎌倉に帰着
応永4（1397）
1月　会津に逃走した若犬丸が自殺

小山氏の乱終息の時期は、氏満にとって特筆すべき二つの出来事があった。一つ目は義満の富士遊覧であり（嘉慶二年〈一三八八〉）、二つ目は陸奥・出羽の鎌倉府への移管である（明徳二年〈一三九一〉）。前者は将軍義満の幕府権力の安定にともなう示威的側面があった。この時期、南朝との和議の流れが生まれ義満の諸国遊覧が相ついだ。大和の東大寺・安芸の厳島《いつくしま》・紀伊の高野山《こうやさん》、越前の気比《けひ》等々の大寺社の参詣と当該地域での政情視察であった。

富士遊覧もその一環だった。義満にとって鎌倉府との境域（駿河）をおとずれ、関東への示威を示すことが大きかった。駿河は東国の象徴富士が位置し、併せて京都と鎌倉の勢力の接点にあたる。ここは幕府与党の今川氏の領国であり、鎌倉府の動静を伝える東の最前線だった。氏満は憲春諌死事件が語るように、京都への抗心の前科がある。義満の行動は鎌倉のその後を確かめるためのものともいえる。

そして、後者の奥羽両国の鎌倉府への移管である。明徳二年のこの時期、氏満は若犬丸の乱の掃討途上にあった。地勢的に奥羽が外縁であることは、京都の幕府とて同様だった。奥羽方面の南朝に代表される反幕勢力の拡大で統制不能への警戒があった。若犬丸の乱とこれを支援する田村氏の勢力のあり方は、鎌倉府のみならず、幕府にとっても脅威だった。そのあたりの政治判断が義満をして奥羽方面の鎌倉府への移管を可能とさせたのかもしれない。

前者の富士遊覧が鎌倉にとって京都権力の強大さを語る〝ムチ〟として作用したとすれば、この奥羽の鎌倉への移譲は〝アメ〟ということになろうか。

＊『鎌倉大草紙』には、「康暦二年五月五日、下野住人小山左馬助義政、吉野宮方《みやがた》ト号シ逆心《ぎゃくしん》シケレバ、宇都宮基綱大将ニテ退治ノタメ発向アリテ……同十六日宇都宮打負、タチマチニ討死シケル間、小山ハ関東ノ御下知《ごげち》ヲ背《そむき》テ宮方ト号シ合戦ヲ企テ、アマツサヘ陳謝ノ言マテモナシ、謀叛ノ最ナリトテ、鎌倉殿ヨリ御退治アルベシ」とある。小山義政の挙兵を「吉野宮方ト号シ」と伝えるのは興味深い。この時期、南朝（吉野）側の抵抗は散発的なものに終始はしていたものの、北関東や南奥州方面では断続的につづいていた。しかし現実的には劣勢は否めなかった。その点では小山氏の乱は本来の蜂起目的とは別に、南朝（吉野）への加担という義兵的演出によるものだった。ここで重要なことは、その演出がそれなりに観念として、意味をもっていた点だった。南朝という抵抗勢力を歴史の記憶から呼び出すことで、不満勢力の象徴として利用されたことだろう。本文でも指摘したように、小山氏の乱が長期に及んだのは、それを支えた反幕府さらには反鎌倉府への抵抗勢力が奥州方面には根強かったからだろう。南朝はそのカウンター勢力と結合することで幾度も蘇ってゆく。『鎌倉大草紙』によれば明徳の乱での山名氏清《うじきよ》にあっても、同じく吉野が〝記憶〟として再生している。「氏清、逆心ヲ起シ、南帝ノ勅命ト号シ、御旗ヲアゲ」と見えており、吉野＝南朝への〝記憶〟は常に「逆心」の系譜の旗印として点滅した。したがって小山氏の乱もその限りでは〝義兵〟的要素を盛った形で〝歴史に演技〟する、そんな面もあったはずだが、それはあくまで、あと追いの理屈以上のものではなく、すでに渡辺世祐『関東中心

足利時代之研究』（新人物往来社、一九七一年）で指摘されているように、下野国内での覇権争いが乱のきっかけだった点は動かない。

氏満から三代満兼へ―奥羽への足場、「篠川」「稲村」御所―

「康暦」で始まった二つの出来事は、鎌倉公方氏満のその後を規定した。「康暦の政変」に関わる京都将軍への氏満の野心は、その後の「応永」の段階での大内義弘《よしひろ》の乱（応永六年〈一三九九〉）にも再燃した。鎌倉はその意味で京都の対抗勢力として存在しつづけた。それは氏満という個人の資質のみの問題だけではなかった。それを超えて、鎌倉という場が宿した歴史性に由来したもので、いわば強大な権限を保持した幕府（義満）との対抗のなかで、一つの「玉」として担がれる存在ということができる。

大内義弘の「応永の乱」での氏満との呼応の背景にはそのことが看取できる。義満の専横への抵抗勢力として、鎌倉公方は担がれる立場を提供した。土岐・斯波さらに山名、そして大内の諸氏との東国の連携者として鎌倉公方は顔をのぞかせている。義満時代の「康暦の政変」「明徳の乱」さらに「応永の乱」には鎌倉の、そして公方の存在があった。

南朝（吉野）は担がれる対象として存在感を示した。同様に、鎌倉もまた現状不満派の支えとなった。吉野も鎌倉もその点では共通する。畿内・西国の有力守護たちにとって、同盟者は対抗を宿す鎌倉ということになろう。それは鎌倉府が対京都との相剋の対象であることの証だったが、当の鎌倉府にとっては、南朝の影響のある東北方面との確執も課題だった。前述の小山氏の乱が奥州まで広がったことで、氏満はこの方面にまで転戦、当該領域の武士団との連携を強化したが、一方で鎌倉府に服さない勢力もおり、課題を残した。

この小山氏の乱の場合、「吉野宮方ト号シ」蜂起した南朝（吉野）の〝賞味期限〟は問うところではなかった。要は現秩序への対抗のために、鎌倉府とも京都幕府とも異なる力が吉野だった。指摘されているように、氏満は小山氏の若犬丸との戦いで南奥の篠川《ささがわ》に布陣しており（『神奈川県史』）、その戦略的重要性を確かめられる。この地は氏満の後継で二代の満兼《みつかね》が拠点として、「篠川御所」を築いた所だった。今日の福島県郡山市に位置したこの地域は、若犬丸を後援した田村氏の基盤にも近く、関東と東北の接点にあたっていた。

氏満は四十歳で没した（諸史料で相違、『鎌倉大草紙』は四十二歳）。九歳で公方の地位に就き三十一年間は日々戦陣にあった。父基氏の瑞泉寺に隣接した永安寺《ようあんじ》（現、廃寺）に葬られた。この氏満の時期は鎌倉府の権力がほぼ確立した段階とされ、それだけに京都将軍との対抗関係も顕著になっていった。「関東八館《はちやかた》」（千葉・小山・長沼・結城・佐竹・小田・宇都宮・那須）とも呼称される鎌倉体制を支える有力勢力が固定化したのも、この氏満の段階とされる。鎌倉公方を京都将軍に措定することでの東国的秩序の創出ということができる。

氏満の時期、関東管領は諫死した憲春にかわり、憲方がその地位を継いだ。憲顕以後の山内上杉氏は能憲・憲春そして憲方の各兄弟により関東管領の職責が継承されたことになる。氏満とともに戦陣にあった憲方も応永元年（一三九四）に病没した。その後は関東管領は犬懸《いぬかけ》家から上杉朝宗《ともむね》（朝房の弟。以前に朝房は一時能憲とともに関東管領であった）が登用された。この犬懸上杉氏は憲藤《のりふじ》（憲房《のりふさ》の子）を祖とした。今日の報国寺近傍の地名に由来する。六浦道（金沢道）をはさむこの地域は浄妙寺さらには、公方御所も近く鎌倉府の中枢エリアでもあった。

京都幕府との連携という点で上杉諸流のなかで温度差があり、それが山内氏にかわり犬懸氏の登用に繋がったとの推測も可能だ。とりわけ氏満の応永段階は京都との乖離《かいり》が進行しつつあった。憲

篠川御所跡

春の一件以来、京都との良好な関係を保持していた山内上杉氏は、京都にとっては好ましい存在だったが、鎌倉公方にとっては必ずしもそうとは限らなかった。

ふれたように、氏満はその晩年「応永」の時期に再度逆心を京都に示すことになる。だが、大内義弘との連携は自身の死去で不発に終わる。けれども、公方家の抗心は氏満からその子満兼へと継承される。

その満兼が父の死去で鎌倉府長官に就任したのは、応永五年（一三九八）のことだった。二十一歳の公方は、それまでの公方就任（基氏・氏満）がともに十歳前後だったのに比べ、大きな違いがある。

犬懸上杉氏の朝宗が引きつづき関東管領の地位にあった。犬懸上杉氏はこの朝宗引退後、子息氏《うじ》憲《のり》がその地位を継ぐことになる。「鎌倉大乱」（『烟田文書』）の主役、禅秀《ぜんしゅう》である。

満兼、あるいは「応永の乱」─義満打倒未遂事件─

京都への抗心志向は、三代の満兼にも受け継がれた。父氏満が公方就任早々の「康暦」の段階で京都の政変に関与し、派兵を試みた。そして満兼もまた未遂だったが、同様のことがあった。同じく京都の義満打倒に向けての大内義弘の乱（応永の乱）と呼応する「関東同心」の一件だ。鎌倉の満兼の動きは、父氏満の晩年から伏線はあったが、新公方の登場とともに勃発した。

周防・長門の有力守護大内義弘が義満に反したのは応永六年（一三九九）十月のことだった。山陽方面の雄として上記二カ国以外に石見・豊前・和泉・紀伊の都合六カ国の守護を兼ねており、幕府にとって脅威であった。大内氏は義満の父義詮の時代に一時帰伏したものの隠然たる力を擁し、この時期博多へと進出、日明貿易への足場を構築していた。

義満は将軍権力確立に向けて有力守護家の減殺《げんさい》に意を注ぎ、すでに康暦・明徳の段階に土岐氏や山名氏の力を削減することに成功していた。大内氏勢力の排斥もそうした流れの一環だった。他方、大内氏サイドも鎮西方面において切望する九州探題への就任を断たれたことで、義満への不満も蓄積していた。

そうした両勢力の関係が争乱へと繋がった。「関東同心」の立場から満兼は武蔵の府中高安寺《こうあんじ》に出兵、大内氏との連携を試みた。けれども義弘の堺での敗死で満兼の思惑は挫折することになる。氏満・満兼父子による東西呼応しての挙兵は、ともに未遂に終わったが、義満の鎌倉への警戒を深めることとなった。幕府への対抗勢力との「同心」が京都に伝えられるなか、幕府との協調を求める上杉氏側の要請もあり、満兼はその後、三島社に願文を奉じた。「異心ヲ翻シ……咎ヲ謝センガタメ」「都鄙ノ無事、家門ノ久栄」との意思を表明した（『三島神社文書』応永七年六月十五日）。同史料には「輔佐ノ遠慮ニ依リ、和睦ノ一途有リ……重テ又諫言有リ……」とも見え、管領の上杉氏の諫言があったことがわかる。かつての「康暦の政変」にさいしての憲春の諫言を髣髴《ほうふつ》とさせるものがあった。

それでは、奥羽との関係はどうであったのか。すでに氏満の時代に義満を介し、奥羽両国の鎌倉府管轄の件は実現されていた（明徳二年〈一三九一〉）。満兼は公方就任直後の応永六年（一三九九）春から「陸奥出羽両国ノカタメトシテ鎌倉殿御弟満貞《みつさだ》・満直《みつただ》二人御下向。稲村・篠川両所ニ御座ス」（『鎌倉大草紙』）とあり、二人の弟の派遣の件が伝えられている。

今日の福島県の郡山市近辺におかれた二つの拠点「稲村御所」および「篠川御所」は、白河関を越え、阿武隈川沿岸に位置した軍略上の要所だった。鎌倉府与党の伊東氏や白河結城氏に近かった。さらに満兼には数人の弟たち（満直・満隆《みつたか》・満貞）がいた。いずれも、慣例に従い将軍義満の偏諱《へんき》を与えられている。このうち満直が安積《あさか》郡篠川に、満貞は岩瀬《いわせ》郡稲村（福島県須賀川《すかがわ》市）に派遣された（ただし、『喜連川判鑑《きつれがわはんかがみ》』のように、史料によりこの両者を逆とするものもあるが、昨今の研究で『鎌倉大草紙』の表記に従っておく）。

奥羽両国が鎌倉府の支配版図として認められ、その布石となった。満兼は、自らも応永七年（一四〇〇）七月以降、三カ月ほど、奥州の稲村方面に赴いたとされる。当該期は伊達氏の反乱もあり、それに向けての威嚇、あるいは南奥地域での実況視察という面もあった可能性は否定できない。

ちなみに、この篠川・稲村の近傍の諸勢力として磐城・岩代方面に結城・石川・田村・岩城・相馬・蘆名・伊達・吉良・畠山・二階堂の諸氏、太平洋側の陸前・陸中・陸奥方面には葛西・大崎（斯波）・伊沢・南部の諸氏、そして日本海側の出羽には長井・最上（斯波）・秋田の諸氏がそれぞれ割拠していた。彼らの多くは頼朝の奥州合戦での恩賞授与として当該地方へ移住した武士団だった。鎌倉期以来の地頭領主であったり国人領主的存在だった。

南北朝動乱で所領権の変更は生じたものの、足利体制の秩序に包摂されていた。ただ内部は南朝との関係も小さくなく、総じて奥羽は諸勢力の分立が目立った。幕府は奥羽二カ国の直接支配から鎌倉府を介しての間接支配へと舵を切った。鎌倉府にとっては奥羽支配権の移譲を受けて、奥州中部に管領的権限を認められていた大崎斯波氏や伊達氏の勢力との対立回避の意図もあり、南奥の郡山エリアを拠点とした。

義満政権下の幕府にとって、奥羽支配の鎌倉府への委任は、ある意味「異ヲ以テ、異ヲ制ス」との発想もあったのかもしれない。いずれにしても鎌倉府にとっては〝困難な果実〟を与えられたことになる。

奥州宮方ノ余党伊達大膳大夫政宗《まさむね》、法名円教、隠謀ヲ企テ、篠川殿ノ下知ニシタガヒ申サズ、一味同心ノ族《やから》蜂起シケル間、同五月廿一日上杉右衛門佐入道禅秀大将トシテ発向ス

伊達氏の蜂起を『鎌倉大草紙』は右のように語っている。篠川殿（満直）の命に従わなかったため、鎌倉側は上杉禅秀（氏憲）が追討に向かったが「赤館《あかたて》」（現、福島県伊達郡桑折《こおり》町）の合戦で、禅秀軍を撃退させ、「降参」したとある。*伊達氏の蜂起は会津方面に勢力を有した蘆名氏（相模三浦氏の末裔）との連携によった。篠川御所側からの料所設定に代表されるように、新秩序構築を急ぐ鎌倉府への反感が大きかった。

鎌倉では満兼が伊達氏の蜂起の報に接し、自らも鶴岡八幡宮に応永九年（一四〇二）「奥州凶徒対治」の祈禱を依頼している（『大庭文書』『相承院文書』）。満兼にとっての「応永」は奥羽方面にあっても課題を残すことになった。

＊ 赤館の所在地に関しては伊達氏の拠点たる伊達郡桑折町近傍を比定する考え方もある一方、東白河郡、今日の棚倉《たなぐら》市と解するむきもある。しかし、篠川の南西に位置するこの地での合戦は、伊達氏の拠点から遠く、比定地として確定が難しい。ちなみにこの赤館は常陸下館方面を基盤とした伊達氏が文治五年（一一八九）の奥州合戦で始祖朝宗（念西）が勲功の賞として与えられた地であった（吉田東伍『大日本地名辞書』冨山房）。伊達氏はここに早くから下向し勢力を拡大した。南北朝期に同氏は南朝与党として活躍。その後は足利に帰順したが、政宗の時期に勢力を拡大する。幕府（義満との姻戚関係。政宗の妻は義満の生母の妹）の後楯を恃んでの蜂起だったともいわれる。ちなみに戦国大名として著名な政宗は、当該期の政宗の強勢にあやかっての命名とされる。

満兼から四代持氏へ―「鎌倉大乱」、上杉禅秀の乱―

「応永」の年号は長期に及ぶ（一三九四～一四二八）。この間、鎌倉の主は満兼から持氏《もちうじ》へとうつる。応永十六年（一四〇九）七月、満兼が没した。三十二歳とされる（死去の年齢に関しては諸史料で若干の相違あり）。瑞泉寺塔頭《たっちゅう》勝光院《しょうこういん》に葬られた。三代目の公方としての治世は十一年と短く、京都との確執をはじめ、父祖以来の奥州経略など懸案は残されたままだった。

京都にあっても満兼の死の前年に義満が没している（五十一歳）。この応永段階の半ばに、東西両府は新しい主役をむかえた。鎌倉にあっては幸王丸《こうおうまる》（持氏）が十二歳で、京都にあっては将軍義《よし》持《もち》が家督を継いだ（義持の将軍就任は応永元年〈一三九四〉だが、義満が実権を掌握）。世代交替のなかで、応永十七年（一四一〇）同じく関東管領も上杉禅秀（氏憲）が犬懸家から就任する。満兼の時代は父朝宗が管領の地位にあったが、その朝宗は高齢のゆえに応永十二年（一四〇五）に同職を辞し、山内上杉氏の憲定《のりさだ》に譲っている。その憲定は満兼の晩年を支えたが、新公方の持氏の就任後は、憲定にかわって禅秀が幼少の持氏を支えることとなる。

関東管領上杉氏についていえば、初代足利基氏の時代に山内上杉氏の祖たる憲顕が関東管領に就任以来、二代氏満の時代には山内能憲・憲春・憲方の三兄弟（この間一時犬懸の朝房が関東管領に）がつづいた。そして三代の満兼の時代に犬懸家から朝宗（朝房の弟）が就任、その後、山内氏の憲定（父憲方）へとかわり、四代の持氏の時代をむかえた。したがって氏憲の管領就任は犬懸の輿望《よぼう》を担うものとして期待された。持氏登場前後の鎌倉府の事情をおさらいすると、以上のようになろうか。

対京都との関係において、鎌倉の自立志向が表面化するたびに（「康暦の政変」と氏満、「応永の乱」と満兼）、関東管領はその抑制装置としての役割を果たしてきた。幕府との連携のなかで鎌倉公方への自制をうながす存在だった（特に山内上杉氏の立場はその傾向が強かった）。その限りでは公方と関東管領は二人三脚体制として機能することが期待された。両者に京都への温度差があったにしても、である。けれども持氏の段階には、にわかにその関係に変化をきたす。

持氏の公方就任時に、対京都関係で再び事件が生じた。これまた公方交替の時期である。鎌倉の公方家内部での争いも加わった。前述したように満兼は奥羽成敗権の授与にもとづき弟二人（満直・満貞）を篠川・稲村に派していたが、満兼没後もう一人の弟満隆の離反騒動が表面化する。満兼没後一年をへての応永十七年八月のことだ。幼少の持氏が直接関与していたわけではない。風聞・雑説とされたのが、叔父満隆による持氏排斥の動きだった。『鎌倉大草紙』には持氏は管領憲定の屋敷に難を避け、満隆の陳謝で事なきを得たという。

この満隆陰謀事件から三年後、奥羽方面でふたたび伊達氏が蜂起した。大仏城（福島市）での伊達持宗《もちむね》の蜂起である。前代の政宗の乱と通底するものだが、この持宗の反抗に鎌倉府の東北支配の支柱、篠川・稲村両御所との、歩調の齟齬《そご》があった。満隆の離反騒動の影響なのか鎌倉府と篠川・稲村御所との関係は円滑を欠いた。持氏は公方家内部で叔父たちからの抗心に悩むことになる。南奥に設けられた鎌倉府の二つの拠点は、時間の経過とともに奥羽の結集軸として〝自立〟という別の顔をもつに至ったのかもしれない。伊達氏のこの反乱は、そうした鎌倉府内部の動きと関係するものだった。

鎌倉府は氏満・満兼段階での関東制圧（平一揆の乱、小山氏の乱）をへて東北への進出がなされ、相対的安定をみた。いわば両府相互に問題を抱えつつも、安定のなかで不安と不満の共有がなされた。

そうしたなかで「応永」段階の後半に勃発した上杉禅秀の乱は、これまでにない鎌倉の危機でもあった。その規模の大きさは京都をも巻き込んだもので「鎌倉大乱」と呼称されるほどの政治変動をともなった。応永二十三年（一四一六）に勃発したこの反乱は、その主体が前管領上杉禅秀（氏憲）であったことから「禅秀の乱」と呼ばれている。規模の大きさと、鎌倉自体が戦場となったという点で特筆されるものがあった。四代持氏の公方就任から七年目の出来事だった。

例によって『鎌倉大草紙』の語るところを見てみよう。応永二十二年（一四一五）四月、禅秀の家人越幡《おばた》六郎の所領没収の一件に端を発するものだった。この件に加え、持氏の専横を不安視した禅秀は管領を辞した。禅秀にかわり管領に就いたのは、憲定の子憲基《のりもと》だった。持氏からの意趣返しの人事だった。この時期、京都にあって鎌倉府内部の分裂騒動を喜ぶ動きもあった。「ソノコロ京都将軍家ノ御弟権大納言義嗣卿ハ御兄当公方ヲ計ラヒタテマツルベキ由、ヒソカニ思シ召シタツ事アリテ」と京都情勢を伝えている。

将軍義持の異母弟義嗣《よしつぐ》は義満の晩年の子息で、義満は義持にかわり義嗣の後継を考えていた。義満の死でそれは実現されず、義嗣自身不満が重なっていた。鎌倉府内部の対立はこの義嗣側には好機と映じた。これにかつて持氏と対抗した叔父満隆も同調する。禅秀―義嗣―満隆のラインの形成である。非主流派というべきこの三つの勢力の協調が「鎌倉大乱」の背景をなした。*

応永二十三年秋から兵具を整え、戦闘準備をした禅秀は諸国にもはたらきかけ、軍勢の動員を秘かにすすめた。禅秀与党には千葉・岩松・武田などの姻戚関係の有力守護以下、武蔵・相模・常陸・下野・伊豆の諸武士団、さらに奥州でも篠川御所（満直）を介して蘆名・結城・石川・南部・葛西の勢力が同心したという。

かくして同年十月二日挙兵がなされた。奇襲を受けた持氏はわずかな手勢で脱出、十二所《じゅうにそ》経由で小坪をへて、海岸沿いに管領憲基がいる佐介谷《さすけがやつ》に到着、以後数日間、鎌倉内外で両軍の攻防戦がなされた（攻防戦の内容は第Ⅱ部を参照）。『鎌倉大草紙』にもその激戦の模様が見えている。

やがて管領憲基の佐介館が陥落、持氏ともども小田原方面に敗走、さらに駿河の大森館（現、静岡県裾野市）をへて、今川範政《いまがわのりまさ》（持氏方の武将上杉氏定《うじさだ》の女婿）のもとに身を寄せた。他方、憲基は伊豆の国清寺から越後へと逃れた。

以上が持氏敗走に至る乱の前半までの経過だ。

持氏・憲基にかわり、満隆が鎌倉の主となった。しかし、禅秀は持氏を掌中から逃したことでその後劣勢になった。持氏が幕府与党の駿河今川氏の保護下に入ったことで、禅秀側に動揺が広まった。将軍義持は今川氏と越後の上杉氏に持氏への助勢を命じ、鎌倉奪回に向けての動きが活発化する。今川範政は幕府からの禅秀勢力追討の御教書にもとづき、十二月二十五日に関東諸家に「回状」を出した**。

応永二十四年（一四一七）、年明け早々、持氏軍は越後からの憲基軍との挟撃作戦で鎌倉入りを果たす。禅秀に与した関東各地の武士たちはその後持氏側に加担、同年正月十日、禅秀・満隆・持《もち》仲《なか》（満隆の子）は鶴岡の雪下御坊で自害する。禅秀の蜂起から三カ月、持氏は再び鎌倉奪回に成功した。

だが、関東を分裂させたこの闘諍の後遺症は深かった。鎌倉公方持氏の威信にかけての新たな戦いが始まろうとしていた。

＊　非主流派云々でいえば、この義嗣のクーデタで、再び南朝の記憶が浮上する。この時期、十四世紀末の「明徳の合一」で両朝の統合がはかられ、表面上の問題は解決していた。けれども、伊勢の北畠氏の反乱など、〝記憶のネバリ〟は「後南朝」（「南方末裔」）という形で存在していた。義嗣事件にさいしても、その「後南朝」の勢力と共闘するとの風聞も広がっていたという。かつての南朝は、非主流派が何らかの行動を起こすおりにはしばしば「抗心の記憶」とされた。ちなみにその義嗣は、関東の挙兵後に逮捕、仁和寺《にんなじ》・相国寺《しょうこくじ》に移され、応永二十五年（一四一九）、義持の命令で殺された。

＊＊　この「今川範政書状」での骨子は第Ⅱ部でも述べるが、幾つかの留意点を付記しておこう。当該期における「戦闘」の常なることだが、「軍忠」に関しての意識である。今川範政自らの指摘にもあるごとく、一時の「逆心」加担はこれを不問に付し、「返忠《かえりちゅう》」を認めていることだ。敵対勢力打倒のための甘言・調略という面はあるにしても、「関東諸家」への再生の機会が「上意」（幕府・将軍の意向）により保証されたことは大きい。当該期「反復常ナラザル」状況下での裏切りは「返忠」として解されていた。その場合、多くの戦いにあって「返忠」は合戦での専売で

あった。特に南北朝期以降は『太平記』その他の軍記をにぎわせるものだった。「返忠」の語感には、裏切ることを非とするおももちが含まれる。けれども、それが日常となった十四世紀以降の合戦では、すでに指摘したように武将としての「良将」の条件は「返忠」をも認めながら自軍の勢力を温存しつつ、戦闘の継続力にこそあった。尊氏の強さもそこにあった。話がいささかずれたが、今川範政が禅秀側からの「返忠」をすすめていることは興味深い。ちなみにこの南北朝期には『太平記』に「回忠」の語が頻出するが、これも裏切りを従前のごとく、道徳的観点という建前主義からではなく、目的・結果主義（勝つための方策・算段）という方向が顕著となった段階での語句といえる。要は「回忠」には主人が忠節の相手を相対視する観念が宿されていたことになる（この点、拙著『恋する武士　闘う貴族』山川出版社、二〇一五年参照）。

持氏、あるいは「永享の乱」（其の一）—東国自立への志向—

「応永」の年号は禅秀の乱にまで跨《また》がったが、持氏のかかわった象徴的年号はやはり「永享《えいきょう》」だ。鎌倉公方と京都の幕府との戦いは「永享の乱」と呼称されている。以下では鎌倉府の滅亡にも繋がることになるこの事件の大局にふれておこう。禅秀の乱で鎌倉は多くが灰燼に帰した。帰鎌した持氏は禅秀与同者たちへの討伐に執念を燃やした。応永二十四年（一四一七）から同三十年（一四二三）にかけて持氏は関東各地を転戦した。

管領の山内上杉憲基は禅秀の乱後に二十七歳で死去した（応永二十五年〈一四一八〉正月）。男子がなく後継は越後上杉氏から憲実《のりざね》が十歳の幼少で地位を継承した。公方持氏は当時、二十二歳という従来にない逆転現象だった。このことが持氏の独断暴走に迫車をかけた。約二十年後におとずれる関東を巻き込んだ再度の「鎌倉大乱」の芽は、すでに禅秀の乱後から生まれつつあった。

　禅秀の乱は煎じ詰めれば管領と公方という鎌倉府内部での闘乱だった。直接京都の幕府に影響があったわけではなかった。すでに見たように、今川範政を介しての持氏の保護で、京都は鎌倉に〝貸し〟を与えた。鎌倉に、反京都志向からの脱却を期待したのだった。ここで京都が期待したものは、従順なる鎌倉公方にほかならなかった。禅秀側加担者への寛大なる措置（応永二十三年十二月二十五日付「今川範政書状」）も、それと対応するものだった。だが、持氏の対応はその幕府の意向とは反対に厳しかった。このことが京都と鎌倉の間に再び〝水を差す〟ことになった。「応永」の最終段階は禅秀の与同者への粛清がくり広げられる。

　鎌倉府にとって、存在感のある〝強い公方〟が必要とされた。鎌倉殿の威信の演出である。禅秀与党派への持氏の執拗な攻撃は、京都との関係を悪化させることとなった。というのも、彼らの出自は関東でも屈指

持氏の討伐戦

応永24（1417）		
	閏5月	上野の岩松満純討伐（禅秀女婿）
応永25（1418）		
	5月	上総本一揆討伐（犬懸上杉氏の領国）
応永28（1421）		
	6月	常陸の額田義亮が反乱，持氏これを攻める
応永29（1422）		
	8月	常陸の小栗満重討伐
	閏10月	常陸の佐竹氏の内紛，山入与義を討伐
応永30（1423）		
	5月	下野の宇都宮持綱討伐
応永32（1425）		
	8月	甲斐の武田氏討伐

の伝統的豪族層で、その離反は奥羽方面での地殻変動を招きかねない。併せて、幕府にとって、武蔵・相模を包囲するベルト地帯にも位置していた。

常陸・下野・上野と繋がる地域は、京都の幕府にとっても鎌倉府を掣肘《せいちゅう》するための役割が期待された。「京都扶持衆《ふちしゅう》」（幕府が特別に扶持を加えている関東分国内の武士）と呼ばれた家々は、宇都宮・佐竹・常陸大掾・小栗・真壁・那須・白河結城等々であった（『神奈川県史』）。

ここで留意されるのは、彼らの勢力基盤だ。その多くが利根川《とねがわ》以東の伝統的領主層であり、彼らは禅秀の乱の当初は反持氏派だったが、その後は帰順していた。京都に弓をひいたわけではない彼らへの攻撃は、幕府との関係を冷え込ませた。

持氏の意を受け派遣された公方の近臣たちとして、木戸・一色などの諸氏がいた。扇谷《おうぎがやつ》上杉氏の存在も大きかった。禅秀の犬懸氏の没落と入れ替わるように台頭してきたのが扇谷の一族だ。特に上杉持定《もちさだ》は注目される。応永二十五年の岩松攻略をはじめ、その活躍が目立つ。禅秀の乱のおり藤沢道場で自害した氏定《うじさだ》は、この持定の父にあたる。

この扇谷上杉氏は山内上杉氏とともに、鎌倉府の重要な勢力となってゆく。有名な太田道灌《おおたどうかん》もこの扇谷上杉氏の被官だった。

持氏は鎌倉公方として、京都と雌雄を決した最後の人物だった。年号としての「永享」はその持氏との間に勃発した都鄙闘争を象徴するものだった。永享の乱の詳細を語る前に、鎌倉が抱えた問題を少し整理しておきたい。問題は三つあった。

一つ目は、幾度かふれた対京都との宿命的課題だ。そして二つ目は対奥羽との関係である。さらに三つ目は公方と管領という鎌倉府内外の関係ということになろうか。

まず一つ目の問題。歴代の血脈を分けた二つの公方（京都・鎌倉）は基氏以降、世代を重ねつつ乖離を広げた。そのうちで氏満と満兼と、そしてこの持氏は抗心を顕わにした。鎌倉府誕生以来の懸案のことがらだった。この京都への対抗は関東が有した歴史性に由来した。鎌倉幕府以来の因縁だったともいえる。両府の相剋が表面化するのは、多くは政治的抗争事件と連動していた。「観応の擾乱」「康暦の政変」そして「応永の乱」と、それぞれが両府の対立を表面化させた。そしてこの「永享の乱」もそうである。

京都将軍は、義持の後継の五代将軍義量《よしかず》が早世した（応永三十二年〈一四二五〉）。その後、後継無き状態で幕政を指導した義持も正長元年（一四二八）正月に死去した。世情不安がつづくなかで、正長の土一揆が勃発する。義持にかわり京都幕府を牽引することになったのが〝籤引き将軍〟の異名をもつ義教《よしのり》だった（義持の兄弟〈いずれも出家〉たち四人から石清水八幡宮の神託で選ばれた。このあたりは『看聞御記《かんもんぎょき》』や『建内記《けんないき》』に詳しい）。

その正長は翌年早くも「永享」へと改元された。京都にとっても、そして鎌倉にとっても、これまた記憶されるべき「年号」となる。義教の登場は、鎌倉との対立の構図をこれまで以上に鮮明にさせた。鎌倉もまた持氏という破格の個性のもち主の舵取りで緊迫さを増した。持氏は、将軍義持の晩年、自らが猶子として、その後継を望んだことがあった（『喜連川判鑑』）。足利の血脈からすれば考えられないことではなかったが、可能性は低い。いわば抗心の血脈を保持した公方が京都に入ることは難しい。けれども、持氏自身がそれをどう考えたかは別の問題だった。持氏の要望が不調に終わったことで、新将軍義教への対抗心が増強する。このあたりは、多くの論者の指摘の通りだろう。

それでは永享の乱への助走として、二つ目の問題、すなわち奥羽との絡みはどうか。これも、鎌倉という地域的・地理的関係が少なくない。京都との関係でいえば奥羽はやはり遠い。奥羽が京都顕貴の人々に歌枕の地たる〝懸想《けそう》〟の対象とされて久しいが、政治権力のチャンネルとして関東に新政権が誕生したことが大きい。鎌倉幕府的秩序のなかで、奥羽は「関東」と連接するがゆえに、東国的秩序に位置した。

建武体制下での陸奥将軍府は、京都（あるいは吉野）がこの地域にクサビを打ち込むことで、鎌倉との関係を切断させた。その後の南北朝の動乱は、その奥羽方面の掌握をめぐり推移する。構図的に鎌倉の支配か（鎌倉公方の分国化）、京都の支配か（幕府の所轄）ということになる。当然ながらそれは当該地域での成敗権の行方にも関係していた。

京都の義満は、鎌倉の満兼に奥羽二カ国の鎌倉の分国化を容認した。それが篠川・稲村両御所の創設に繋がった。鎌倉府は奥羽支配のアドバンテージを、南奥を足場に構築することになった。だが、満兼の連枝（満直・満貞）たちの派遣は、奥羽に新しい〝火種〟をもち込むこととなった。

持氏の時代にはそれが表面化した。伊達氏の乱にさいしての両御所の消極的対応がそうであった。

特に満直（篠川御所）については、京都幕府と結び、持氏にかわり公方の座への執心を見せていたという（『神奈川県史』）。叔父（満隆さらに満直）たちの離反のなかで、持氏は京都とは異なる敵と対峙することが求められた。

とりわけ両御所は奥羽支配の要でもあり、鎌倉府と奥羽を結ぶ媒介役でもあった。十カ国（坂東八カ国に伊豆・甲斐）に奥羽（陸奥・出羽）を加えた十二カ国が、鎌倉府の成敗権（＝分国勢力圏）だったが、その十二カ国は鎌倉府にあって権力の浸透度が異なる。武蔵は鎌倉公方の権力の強固な地域だった。それに比してその周辺部の利根川以東の北関東地域はグレーに近い。新たに分国化された奥羽両国は、アウトゾーンに近い。

かかる三つの地域差が推測されるが、その外に位置した国々（越後・信濃・駿河）は幕府の所轄（成敗権）に組み込まれていた地域でもあった。その意味で鎌倉を中軸とした同心円的構造からは武蔵・相模を軸に、その外に北関東エリアが、さらにその外縁部にそれに接する奥羽が広がっていたことになる。

最後は三つ目の公方と管領との確執だ。すでにふれたように山内上杉氏の政治的立場は、公方の独走を抑えるコントローラーの位置だろう。犬懸上杉氏出身の禅秀にあっても、大枠では共通していた。その点では関東管領の本質は幕府との関係が一義だった。公方（鎌倉）と将軍（京都）の仲介役である。持氏の時代、彼自身の肥大思考のゆえか独断的行動の押さえが難しくなる。「法外ノ御政道」（『鎌倉大草紙』）と禅秀をして語らしめた持氏への批判は、両者の関係性が円滑を欠く状況だったことを伝えるものだ。その禅秀の乱から二十年、持氏は再び管領の憲実と対立する。永享の乱に至るこの期間は、持氏に強靭な意志を育ませた。

〝京都何するものぞ〟との態度は、過去の公方たちにも共通するものだ。けれども、それを行動に移すことは時に諫死があり諫言がありで、その行動は封印されてきた。禅秀以後、持氏による分国内での敵対勢力の討滅という事態が、京都への対抗関係に迫車をかけた。とりわけその過程での甲斐あるいは信濃への干渉は、対京都の関係を最悪のものとした（この点は後述）。ここにあって関東管領の立場は、幕府との連携強化の方向が明白となる。かくして鎌倉公方と管領上杉氏との鎌倉府内部での対立は、沸点に近づくことになる。

持氏、あるいは「永享の乱」（其の二）―両府激突、公方自害―

十二歳で鎌倉公方の地位に就いた持氏は、四十二歳で滅亡する、別表はそのおよそ三十年間を一覧したものだ。ここから持氏という人物の行動のおおよそを看取できそうだ。正長をはさみ、以前の禅秀の乱と以後の永享の乱の両者はやはり大きい。禅秀の乱以後の「応永」段階は、持氏にとって鎌倉殿たる自己の威信回復の戦いといえる。反持氏勢力の掃討を通じ力による武闘路線を実行し、鎌倉の覇権確立を推進した。こんな方向が顕著だった。岩松・佐竹・常陸・大掾・武田等々の諸氏への出兵にはそうした背景があった。

この段階は幕府との関係は穏便ならざる情況ではあったが、持氏自身の将軍後継への〝色気〟も手伝って、それなりの間柄だった。その関係性が急速に悪化するのは、やはり「永享」段階以後だろう。義持死去にともなう義教の登場で、京都と鎌倉は抜き差しならない情勢へとすすんでゆく。

年表が示すように、義教の将軍就任と義持の京都離反・出兵騒動である。とりわけ、前述したように甲斐・信濃の守護の家督争いに関連しての派兵騒動である。幕府との関係が濃厚な政治的境界の国々への干渉出兵だった。

持氏のこうした暴走は管領憲実との対立を招いた。当然、京都の幕府も座視しなかった。新将軍義教の個性が公方との対立を倍加させた。永享四年（一四三二）の義教による東国・富士遊覧はその一つだった。京都もまた鎌倉公方と同じく、強さを演出したこの軍事的デモンストレーションは、かつての義満が諸国遊覧のなかで実施したものだった。強い将軍を身上とする義教にとって、富士遊覧は〝お手本〟だった。本来、駿河下向をなした将軍動座に鎌倉公方は伺候する立場にあったが、持氏はこれを黙視した。

そして永享六年（一四三四）の持氏による鶴岡八幡宮への〝血書の願文〟である。「武運長久」「子孫繁栄」「呪咀怨敵」「関東重任」の表現の裏側には京都への敵意があった。鎌倉の自負が滲《にじ》むこの願文に持氏の決意と、その先にある決断が表明されている。そのことは嫡子賢王丸《けんおうまる》（義久《よしひさ》）の鶴岡八幡宮での元服で明白となる。永享十年（一四三八）六月のこの元服の儀にあって、慣例とされた将軍（足利惣領家）の偏諱の拒否があった。義久の命名は源家の祖八幡太郎義家《よしいえ》の「義」に因《ちな》むものとされる（『鎌倉市史』）。とはいえ、先例からの逸脱は、鎌倉の挑戦とみなされる。関東管領

持氏関係年表

応永16（1409）
　9月　幸王丸（足利持氏），鎌倉公方に（12歳）
応永17（1410）
　8月　足利満隆（満兼の弟），謀叛の風聞
応永19（1412）
　9月　上杉憲定辞職後，犬懸上杉氏の氏憲（禅秀）が就任
応永22（1415）
　5月　氏憲辞職。山内上杉憲基が管領に
応永23（1416）
　10月　前管領禅秀，足利満隆を奉じ，持氏に反す
　11月　足利義嗣の反逆の企てが露見
応永24（1417）
　1月　世谷原合戦で禅秀敗北，鎌倉で自害。持氏，鎌倉帰還。浄智寺に入る
応永26（1419）
　1月　山内上杉憲実が管領に就任
応永29（1422）
　閏10月　持氏，佐竹氏の山入与義を攻める
応永30（1423）
　3月　義量，義持の譲りで5代将軍に
　5月　持氏，常陸の小栗満重を攻める
　8月　幕府，持氏の行動不快として，篠川御所に関東侵入を令達
応永31（1424）
　2月　持氏，室町殿義持に誓書を提出。幕府の関東討伐軍を引き上げる（両府和睦）
　11月　稲村御所，来鎌。持氏宝刀を授与
応永32（1425）
　1月　鎌倉御所，焼失
　2月　義量死去（19歳）
正長元（1428）
　1月　義持死去。青蓮院門跡義円が後継に
　3月　還俗し，義宣（のち義教と改名）

永享元（1429）

3月　義教，征夷大将軍（6代将軍）

8月　持氏の不満と謀叛の風聞。憲実の諫止

12月　持氏，大掾満幹を討伐

永享3（1431）

3月　持氏，義教の代始の賀使を派遣。和睦を請う（持氏，永享の年号使用）

永享4（1432）

9月　義教，駿河へ富士遊覧（持氏への示威）

永享5（1433）

3月　甲斐の武田信長の攻略計画。幕府仲裁

永享6（1434）

3月　持氏，血書願文を鶴岡八幡宮に奉納

10月　駿河の今川範忠，持氏の反意を幕府に報告

永享9（1437）

6月　持氏，憲実討伐の風聞。憲実，藤沢退去

永享10（1438）

6月　持氏の子賢王丸（義久），元服式。持氏，将軍偏諱を拒む

8月　憲実，上野に退去。持氏追撃。幕府，上杉の援軍に今川範忠・小笠原政康・武田信重らを派す

10月　三浦時高，憲実の要請で鎌倉攻撃。憲実，武蔵分倍河原に着陣

11月　時高，鎌倉攻略。憲実，家宰長尾忠政を派遣。持氏を永安寺にともなう。憲実の助命嘆願（不許可）

永享11（1439）

2月　永安寺攻略，持氏自害（42歳）。義久，報国寺で自害

たる憲実の諫言も容れるところとはならず、幕府そして憲実の両者との決裂という事態となる。そして鎌倉公方持氏の最後の年は、次のように推移した。

永享十年六月、賢王丸の元服のおり、憲実暗殺の風聞があり、管領憲実は欠席した。八月、憲実は鎌倉を退去した。身の危険を察し上野へとおもむいた。持氏は一色直兼《いっしきなおかね》を先鋒として、自らも武蔵府中に出陣し追撃の姿勢を示した。その報に接した幕府は、駿河の今川範忠《のりただ》・信濃の小笠原政康《まさやす》・甲斐の武田信重《のぶしげ》らに憲実援助を命じた。九月、持氏軍は幕府追討軍と箱根・竹下・風祭・早川尻方面で戦闘をして、持氏も海老名へと陣を移す。同月、幕府は朝廷から「錦旗」を与えられる。十月、鎌倉の留守役だった三浦時高《みうらときたか》が憲実に応じ、鎌倉攻めを断行。憲実も上野・越後の兵を率い武蔵の分倍河原に着陣する。そして十一月、時高が上杉持朝《もちとも》（氏定の子）とともに大蔵の公方御所に火をかけた。持氏の劣勢が明らかとなった段階で、憲実は家宰の長尾忠政《ながおただまさ》を派し、鎌倉へと戻った持氏と葛原岡《くずはらがおか》で会談させた。会談の内容は、劣勢の持氏への投降の勧めと、和議にともなう出家等々だったと推測される。

持氏は永安寺入りし出家恭順の意を示した。憲実は幕府に持氏の助命を請うが（『看聞御記』永享十年十二月八日）許されず、翌年二月、永安寺を攻略し持氏を自害させた（四十二歳）。さらに子の義久も隣接する足利一族の縁《ゆかり》の寺、報国寺で叔父の稲村御所満貞とともに果てた（十四歳、他に諸説あり）。

以上の流れは『鎌倉大草紙』や『喜連川判鑑』その他に語られており、改めての引用は幾つかの関係専書に譲りたい。かくして東西両府相剋の百年の歴史は幕を閉じることになる。この時期四代の持氏が関わった「応永」「正長」そして「永享」という年号のなかで、顕著な事態は東西両府の対立を底流に有しつつ、公方家と管領家の対抗が浮きぼりとなったことだ。関東武士団はそのなかで鎌倉派という公方との連携による立場と、管領上杉氏と協調しつつ幕府との連携を模索する立場、大きく二つの流れがあった。永享の乱はこの両方の流れのなかで、後者にとりあえずの勝利を与えた。

以下では持氏の遺子成氏《しげうじ》による鎌倉公方の遺産の行方を眺めておこう。

持氏から五代成氏へ—血脈の再生と存念の行方—

永享の乱での持氏の敗死で鎌倉は、その政治的な力を失った。武家の覇府として、京都と対峙し得るまでに成熟した鎌倉は都鄙の媒介の役割を与えられてきた。宗教・文化面での重みは、時として京都に匹敵するほどだった。公方として君臨した持氏の三十年は、それまで培った政治的・文化的土壌をさらに彫磨させた。基氏・氏満をへて定着した東国十カ国の統治を、満兼の段階は奥羽をも組み込むことでその領域支配を拡大させた。

しかし一方で京都との関係において、分国周辺諸国および分国内部の支配の、〝危うさ〟も残っていた。その意味では、持氏の三十年は父祖以来の東国を量的な方向から質的支配の方向に転換させる時間でもあった。特に禅秀の乱以後の持氏は強権を発動し、公方権力の誇示のため反抗勢力を武力で封印することに努めた。その反動が永享の乱の導火線に繋がったともいえる。

持氏から離反した関東武士団は、最終的に憲実（関東管領）を介して京都（幕府）を選択した。それは鎌倉府さらにはその首長たる公方との〝手切れ〟ではなく、持氏の個人的資質への懸念がそうした行動をとらせた。それは例えば禅秀の乱与同者への寛宥を自ら放棄し、幕府との対立を招いた公方の〝危うさ〟だった。鎌倉自壊をも招きかねない危惧である。

併せて偶然が重なった。京都における将軍義教の個性である。それまでも幾度かの東西両府相剋の危機はあったが、暴発なきままで推移した。永享の乱にさいしては、その経験は生かされなかった。義教の個性がかつての過去を無化させてしまった。折れない将軍と公方両者の衝突で、管領が選択する途は〝鎌倉を残すこと〟だった。憲実は持氏と訣別しつつも持氏の出家恭順による〝落とし所〟を探る試みを、京都の幕府との間で模索しようとしたのだった。

だが、その想いは実現されなかった。持氏に死を与えられたからだ。公方歴代の墓所たる瑞泉寺に隣接する永安寺で四代持氏は自害した（『足利治乱記』）。

永享の乱後、主なき鎌倉をどう再建するか。義教は自身の子息を鎌倉に下向させ、公方とする構想をもち、憲実にもそれを打診したという（「宇津宮公方*」）。義教は新公方の下向を実行しようとしたが、自身の横死で機能しなかった（『鎌倉市史』）。

「若君、関東ニ御下向有ルベキノ賀礼コレアリ」とは『蔭涼軒日録《いんりょうけんにちろく》』（七月二日条）が語る一節だが、そこには京都による鎌倉の併呑の構想が推測できそうだ。その前提は関東管領上杉氏、特に憲実の補佐が不可欠だった。けれども、憲実自身の〝心の闇〟はそれを許容せず、憲実は永亨十一年（一四三九）末に伊豆の国清寺に籠居する。新公方の下向は、結果として沙汰止みとなった。媒介役の関東管領上杉氏抜きでの、京都（義教の血脈）の移植は不可能だった。関東武士団が支えてきた鎌倉的伝統は他者の受け入れを容易に許さなかったからだ。

このことは、十数年後の長禄《ちょうろく》元年（一四五七）、将軍義政《よしまさ》がその弟政知《まさとも》を関東に派したものの（堀越公方）、これも鎌倉入りを果たし得なかったことからも理解できる。鎌倉それ自体が有した鄙の意地ともいうべき伝統が存した。憲実は引退にさいし、名代としてその政務を弟の越後上杉氏出身の清方《きよかた》に委任した（『喜連川判鑑』『後鏡《のちかがみ》』）。

ところで、持氏滅亡後の鎌倉はどうなったのか。持氏には嫡子義久以外に遺子が数人いた。遺児春王丸《はるおうまる》・安王丸《やすおうまる》両人は持氏家臣の下総の結城氏朝《ゆうきうじとも》に擁せられ挙兵した（結城合戦）。持氏死去の一年後の永亨十二年（一四四〇）三月のことだ。北関東の武士団が結集して、幕府派遣の追討軍と一年にわたり対峙したが、結城城は陥落。春王丸以下も捕縛され、その後に害された。このあたりは『鎌倉大草紙』にもふれられているところだ。

結城合戦終了直後に、京都で将軍義教横死の変事が勃発した。嘉吉《かきつ》の政変（嘉吉元年〈一四四一〉）である。その事件で義教にかわり長子義勝《よしかつ》が将軍となったが、これも二年で夭折《ようせつ》（十歳）、ついで義勝の弟義成《よししげ》（のち義政）が家督を継承することになる。京都の政治情勢の変化は鎌倉にも影響を与えた。

持氏敗死後、信濃の大井一族に養われていた万寿王《まんじゅおう》（成氏。『鎌倉大草紙』では永寿王丸とする）が公方後継として幕府に認められた。成氏の公方就任については上杉房定以下関東の諸氏たちの要望が強く、幕府への働きかけで実現したという。「関東ノ諸士ト評議シテ九ヶ年ガ間、毎年上洛シテ訴状ヲ捧グ」（『鎌倉大草紙』）とあり、関東足利氏の血脈が秩序回復に不可欠だった。

成氏の公方継承を渇望していた「鎌倉府」は、その実現で再興が可能となった。同時に、そこでは管領上杉氏の補佐が要請された。すでに憲実はその子息たちを出家させ、自身も含め政治への関与の途を断とうとしていた。けれども、この憲実の意志とは無関係に末子の憲忠《のりただ》が還俗、家督を継ぎ関東管領に就任することとなった。かくして文安《ぶんあん》四年（一四四七）の頃、鎌倉府は再興の運びとなった。永享の乱から十年弱が経過していた。この間、鎌倉では山内・扇谷両上杉氏の家宰《かさい》である長尾と太田の両一族が台頭していた。

＊　義教のこの構想は彼自身の死去により定着しなかったが、鎌倉下向の有無とは別に、宇津宮御所の名称がある。以下は推測に属すが、これは、鎌倉時代後半の幕府の所在地の宇津宮（若宮大路沿い）御所との関係も無視できないはずだ。かつての大蔵御所は、鎌倉公方に近い因縁の場であったこともあり、おそらくは京都より下向した新公方は、鎌倉後期の段階に幕府がおかれた宇津宮辻子周辺が選ばれたのかもしれない。鎌倉幕府が京都からむかえた将軍の御所は、室町期に義教が京都幕府の血脈を下向させる場としても、ふさわしいと判断されたのかもしれない。

＊＊　憲実の〝心の闇〟云々に関しては『後鑑』に『永享記』の記事を引用して、以下のように述べていることが興味をひく。「譜代ノ主君ヲ傾ケ奉リ。末代ノ嘲リヲ恥テ、其身ノ罪ヲ謝セン為メニヤ、俄ニ出家シ玉ヒケリ。法名ヲバ高岳長棟菴主ト号ス。……永享十一年六月二十八日、長春院へ参詣シテ、公方ノ御影ノ前ニテ焼香念仏シテ後、涙ヲ流シ申サレケルハ、臣今度讒臣等ノ申セシニテ御勘当ヲ蒙リ心ナラズ御敵トナル。然レドモ心中ニ不義ナシ。宜シク天鑑アルベシト、云モハテズ腰ノ刀ヲ引キヌヒテ、左ノ脇ニ突立給フトコロヲ、御供ノ侍……御脇指ヲ奪トル」と見えており、憲実の「主殺し」の鬱屈は自害をなそうとするほどだった。

成氏、あるいは「享徳の乱」―鎌倉府の消滅―

公方不在の鎌倉に新たな鎌倉殿が登場し、それと入れ替わるように憲実が鎌倉を退去した。新公方との感情的対立への配慮だと『鎌倉大草紙』は伝える。すでにふれたが、この間、憲実の意向とは別に、憲忠が関東管領に就任した。一方で新公方の成氏は、結城合戦で敗死した結城氏朝の子の成朝《しげとも》以下、持氏の縁故者を呼び戻す人事をすすめた。公方―管領の両者は世代を超え〝敵人〟の関係にあったことになる。両者ともどもが鎌倉府再生の切り札ではあった。が、意趣含みの人事は、当然、再興の鎌倉府内部に緊張をもたらした。「オリニフレ笑中ニ刃ヲトグ心持シテアヤウキ事ドモオホカリケリ」とは『鎌倉大草紙』が伝える右の点をふまえた鎌倉の内部事情だ。

「呉越同舟」ともいうべき状況で、成氏派と憲忠派両者の武力衝突がおこった。両上杉家の家宰長尾景仲《かげなか》（山内）・太田資清《すけきよ》（扇谷）の両者が宝徳《ほうとく》二年（一四五〇）、成氏と衝突した（江島合戦）。一時の和議がなされたが、この事件での相互の疑念は深く、それが成氏による管領憲忠の殺害へと連動することとなる。享徳三年（一四五四）十二月のことだ。『鎌倉大草紙』はその模様を以下のように伝える。

十二月廿七日ノ夜、鎌倉西御門ノ館へ押寄テ時ヲツクル、憲忠モ俄カノ事ニテ用意ノ兵モナカリケレバ……憲忠主従廿二人……残ラズ討死ス

成氏の憲忠邸への奇襲で懸念が現実のものとなった（ただし、他史料には成氏は憲忠を西御門の御所で誘殺したとするものもある）。

享徳の乱はかくして始まった。乱の経過および関係する合戦の流れは、多くの関係史料からも知られる。ここではあくまで鎌倉に射程を据えての記述に限定しておく。成氏の憲忠攻略で鎌倉は再び揺れた。永享の乱・結城合戦からわずか十五年前後しか経過していなかった。永享では公方の持氏が、そしてこの享徳では管領の憲忠が敗死した。山内上杉氏の家督は憲忠にかわり、その弟房顕《ふさあき》が越後上杉氏からむかえられた。康正《こうしょう》元年（一四五五）正月、上杉氏以下の関東管領勢はその房顕を奉じ、成氏と分倍河原で戦った。

幕府は成氏に対して「私ノ宿意ヲ以テ憲忠ヲ討……関東ノ大乱ヲ起ス条不儀ノイタリナリ」（『鎌

倉大草紙』）との立場で、成氏の行為を「私ノ宿意」が「関東ノ大乱」を諾起させたことの非を糺断する姿勢を示した。そして、同年三月に房顕への助勢を決定する。翌月、駿河の今川範忠に成氏追討を令達。鎌倉は三度《みたび》陥落する。その結果、成氏はついに鎌倉を放棄、下総の古河《こが》を拠点とするに至る。同年の春のこととされる。この「古河公方」の誕生で基氏以来つづいてきた鎌倉の役割は消滅する。

北関東の伝統的武士団や房総武士団を中核とする勢力に支えられた、新しい結集軸が誕生した。以後、この古河公方を担ぐ利根川以東の武士団は、長期にわたり関東管領上杉氏の勢力との戦いを展開する。京都の幕府の助勢にもかかわらず、〝抗心の記憶〟を背負った「古河公方」による享徳の乱は、「関東ノ大乱」の引き金となり、東国における戦国時代の幕あけとなった。

鎌倉の地から成氏が去ったことで、鎌倉府としての機能も意味を失う。鎌倉はかくしてその政治的役割を終えることになる。

頼朝卿以後北条九代ノ繁昌ハ元弘ノ乱ニ滅亡シ、尊氏卿ヨリ成氏ノ御代ニ至テ六代ノ相続ノ財宝コノ時皆焼亡シテ、永代鎌倉亡所トナリ田畠アレハテケル。マコトニアサマシキ次第ナリ。

（『鎌倉大草紙』）

頼朝を起点とした一五〇年、そして尊氏からの一〇〇年の鎌倉は「亡所トナリ田畠アレハテケル」地となった。享徳の乱で鎌倉は「亡所」と化した。

頼朝から、そして尊氏が、かつて「鄙」であった鎌倉を「都」へと変容させ、京都と対峙するほどに成長させた。東国における武家の都・鎌倉が磁場の役割を消失して以降、東国は戦国時代へと突入する。応仁《おうにん》の乱（応仁元〈一四六七〉～文明九年〈一四七七〉）に先立つ十数年前のことだ。京都を舞台としたこの応仁の乱以後、全国レベルの戦乱へと移行する。鎌倉そして京都ともどもが、十五世紀半ばを期して時代の転換をむかえたことになる。時代の折り目にあって両府はともどもが意味を失っていった。むろん京都の場合、さらに幕府の命脈は保たれることにはなるのだが……。

鎌倉の地は幾多の争乱を体験した。元弘の乱（元弘三年〈一三三三〉）がそうだった。そして建武段階での中先代の乱（建武二年〈一三三五〉）である。さらに応永における禅秀の乱（応永二十三年〈一四一六〉）と鎌倉を舞台とした戦闘がなされた。禅秀の乱以後も永享の乱での闘諍があり、享徳の段階でも、争乱がつづいた。武家の府たることの宿命だとしても、鎌倉は幾度も戦火に見舞われた。そのたびに再生を果たした武家の府も、この十五世紀半ばの享徳以降権力は低下、衰退を余儀なくされてゆく。東国を含め各地域での守護大名や守護代さらには被官たる国人領主たちの台頭のなかで、権力の多極化の時代へと推移する。公方―関東管領という伝統的秩序の解体は、そうした時代の所産だった。東国における秩序存立の根拠が鎌倉公方であった。これが解体した時、当然鎌倉もまた機能不全に陥る。

それは鎌倉だけではなく、京都でも同様だった。足利一族の血脈は京都と鎌倉の両府体制を樹立させ、相互補完的な機能と役割が期待された。統合的秩序は他方で分裂の契機もはらんでいた。鎌倉それ自体が有した自立の志向だった。前代の鎌倉幕府以来の歴史性だった。それは東国社会が宿しつづけた、伝統的宿命といえるものだった。

京都との地理的距離が政治的な距離に対応するかのように、時の経過とともに足利氏内部の乖離は深まっていった。観応の擾乱は単に尊氏―直義という兄弟の内紛だっただけではなく、鎌倉派と目される直義の遺産（例えば『建武式目』での方向性、あるいは「鎌倉将軍府」の問題）を点線ながら継承させた。

直義の猶子でもあった基氏は、政治的回路としては直義に近かった。基氏の鎌倉は上杉氏を関東管領に据えることで、それを具現化した。以後、氏満―満兼―持氏、さらに成氏とつづく足利公方の血脈は、鎌倉の自立的宿縁を保持しつつ、「康暦」「応永」「永享」さらに「享徳」の節目を体験した。それぞれの「時の記憶」は、京都政界を含め、都鄙間の政治的揺れを招いた争乱と連動する年号でもあった。鎌倉はそれを受信するだけの力量を担うまでに成長していた。京都の幕府がその動向を常に注視し、義満があるいは義教がそうであったように、「富士遊覧」という牽制を怠らなかったのは、その象徴だろう。

以上、武家の府・鎌倉を年代記風に耕してきた。鎌倉幕府滅亡から、建武体制、南北朝の動乱、そして鎌倉府までの一〇〇年の足跡を、「時の記憶」に特化して話をすすめてきた。以下、第Ⅱ部では、「場の記憶」という切り口で鎌倉という現場に焦点を絞り、これまで語ってきた流れをおさらいしたい。

第Ⅱ部

場の記憶

第Ⅱ部では年代記風の鎌倉論から離れて、地域・場としての鎌倉に焦点を据え語りたい。第Ⅰ部に対応した鎌倉時代以後の史跡群が中心となる。鎌倉という場からの定点観測を通じて、十四世紀以降に特化した内容を提供したい。そのさい、関係する史跡の数々を深掘りするため、史跡関連「年号」を足場に読み解こうとした。

時間軸に従って、すでに南北朝の内乱期から鎌倉府段階の大局は検討した。そこには「元弘《げんこう》」「建武《けんむ》」「観応《かんのう》」「康暦《こうりゃく》」「応永《おうえい》」「享徳《きょうとく》」等々、高等学校の歴史教科書でおなじみの年号が登場していた。そのことをふまえ年号にかかわる「場の記憶」について考えたいと思う。行論の関係で説明が第Ⅰ部と重複することも多々あろうが、お許しいただきたい。便宜上、次のように整理して語りたい。

まず、元弘・建武期での幕府終焉史跡群はおさえねばなるまい。古戦場を含め、それなりの数の史跡が対象となろう。そして、観応以降の鎌倉府段階の関連史跡群への言及も必要となろう。ここには鎌倉公方・関東管領関係の史跡も少なからず含まれる。足利公方屋敷をはじめ上杉関連の史跡群についてふれることになる。関係する寺院もその対象となろう。そのなかには現在すでに廃寺となっているものも少なくない。

できる限り鎌倉市街の史跡に限定したが、その周縁部にも範囲を拡大して論じたものもある。さらに地域軸をボーリングする関係で、連想される伝承・伝説的世界にも話が広がることもある。「場の記憶」の有する豊かさを考える材料となろう。

1 鎌倉幕府終焉史跡群

「元弘」を歩く

1 「鎌倉七口」と鎌倉合戦―鎌倉の内と外―

鎌倉は三方が山である。この点、京都と地勢的に似ている。滑川《なめりがわ》・稲瀬《いなせ》川が東西を画するのも鴨《かも》川・桂《かつら》川にあるいは喩えることも可能だ。王朝の都がそうであったように、鎌倉もまた内と外に分けられる。特に鎌倉の場合、天然の要害に人工の力を添える形で街区が拡大・整備されていった。

鎌倉の境を『吾妻鏡《あずまかがみ》』には東は六浦《むつら》、南は小坪《こつぼ》、西は稲村《いなむら》、北は山内《やまのうち》とある。ここの出入口を扼《やく》するのが俗に「七口《ななくち》」とされた「切通《きりとおし》」だった。一般に「名越《なごえ》・朝比《あさひ》奈《な》・巨福呂《こぶくろ》・亀谷《かめがやつ》・化粧《けわい》・大《だい》仏《ぶつ》・極楽寺《ごくらくじ》」とされる七カ所だ。現在の表記と異なるものもあるが、およその見当はつくはずだ。東南の名越から反時計回りに列記している。

市街を貫く縦の道に若宮大路《わかみやおおじ》、その東西には沿うように平行する小町《こまち》大路・武蔵《むさし》大路（今《いま》小路）

の三つがあった。そしてそれらと交差する横の東西の道筋があった。一番北が横《よこ》大路で、これは六浦道（金沢道《かなざわ》）と呼称され、朝比奈へと通ずる。この横大路の南に大町大路で、その延長は西に行けば東海道、東は名越坂から三浦に。そしてその南が車大路ということになる。このうち前者の南北を貫く若宮大路こそが中軸のラインで、かつての平安京《へいあんきょう》的思考を平行移動したものだった。天皇の居所たる内裏《だいり》とそこからのびる朱雀《すざく》大路は、八幡神（武神）を擁した鶴岡八幡宮《つるがおかはちまんぐう》を内裏に見立て、若宮大路をそれに比定したものだ。この点は序章でもすでに言及した。また武蔵大路は当然、律令的思考を形にしたもので、相模に所在の当地とその北に位置する武蔵を貫く〝政治の道〟ということができる。

そしてこれと対照をなすのが東西を貫く横の道筋だ（横大路・大町大路など）。鶴岡八幡宮の前を通る横大路は、既述したように、朝比奈方面への道だ。滑川と平行するようにのびたこの道沿いには、源頼朝《みなもとのよりとも》の開府以前と目される荏柄《えがら》天神社・杉本《すぎもと》観音などの信仰ルートが重なる。ここは平安時代以来の古き鎌倉が宿された場といえる。若宮大路の南方の下馬四角《げばよつかど》と交わるもう一つの横のライン、ここもまた「名越切通」へと通ずる。

「鎌倉七口」の多くは東西各ルートの道筋の延長にあったことになる。鎌倉の都市プランがどのようなグランドデザインでなされたか議論も少なくない。けれども、自然の要害を利用した基層的・内在的な生活道（文化的要素の道）が開府以前からあり、これに武家の府にふさわしい威容が外来（文明）的要素として加工されたと思われる。頼朝の開府以後のその政治的遺産を継承した権力は自らを「関東」と称し、王朝の京都と対抗する姿勢を保持した。けれども、他方で鎌倉の武家は京都への憧憬を常にもちつづけていた。

鎌倉開府にあたり、平安京あるいは王朝的京都を移植しようとしたのは、その表明といえる。他方で鎌倉には鄙《ひ》的側面も同居していた。王朝との協調と東国的自立思考の両者が融合しつつ、武家の都としての独自性が創出されていった。

以上の鎌倉のアウトラインを念頭に本題の「鎌倉七口」にふれておこう。「七口」に代表される切通が元弘三年（一三三三）の幕府滅亡の主戦場だったことは動かない。鎌倉の東側の出入口の朝比奈と名越の二つの切通は、主要な戦場とはならなかった。戦闘は鎌倉の西方の極楽寺・大仏方面でなされた（この点は第I部でふれた）。さらに北鎌倉へと通ずる山内の巨福呂坂（小袋坂）・化粧坂も同じく激戦地だった。このことは『太平記《たいへいき》』や『梅松論《ばいしょうろん》』でも詳述されている。

三方が山に囲まれている以上、その出入口の「切通」は軍略的拠点であり、攻撃・迎撃双方の側にとって重要な場だった。元弘の乱にともなう鎌倉の攻略にさいし、当然ながら戦いにまつわる記憶が刻まれている。「鎌倉合戦」の呼称は幾度か歴史に登場するが、元弘段階のそれは最大規模だった。「同十八日ヨリ廿二日ニ至マデ、山内小袋坂、極楽寺ノ切通以下、鎌倉中ノ口々、合戦ノ時声、矢呼ビ、人馬ノ足音暫クモ止ム時ナシ」とは『梅松論』が語る戦闘の様子だ。当時、鎌倉往還の道としては、上ノ道以下の中ノ道・下ノ道があったとされる。新田義貞《にったよしさだ》軍以下の上野勢力は、当然上ノ道を南下して藤沢方面から極楽寺・大仏・化粧坂、そして稲村崎から進攻した（一部は山内道からも）。

戦闘の経過は別に譲るとして、足利《あしかが》と新田の主導権の争いは、この鎌倉合戦から始まっていた。義貞の武功は動かないにしても、足利も自己を主張し得る立場だった。四歳の千寿王《せんじゅおう》（義詮《よしあきら》。尊氏《たかうじ》の子）の存在である。同じく『梅松論』は以下のように伝える。

サテモ関東誅伐ノ事ハ義貞朝臣、其功ヲ成トコロニ、イカガ有ケン、義詮ノ御所《ごしょ》四歳ノ御時大将トシテ御輿《おんこし》ニメサレテ義貞ト御同道《ごどうどう》有テ、関東御退治《かんとうごたいじ》以後ハ二階堂ノ別当坊ニ御座《ござ》アリシ

『太平記』にも、尊氏がこの日あることを予期し、それなりの手段を講じていたとある。尊氏の上洛にあたり、千寿王は人質として鎌倉にあったが、その千寿王も、尊氏の六波羅攻略に呼応するように、「大蔵谷ヲ落チテ、行方不知トナリタマフ」と見えている。この大蔵谷は先祖の足利義氏《よしうじ》以来の一族の拠所だった。鎌倉攻略直前の千寿王の脱出ルートは、山内道から武蔵への道筋と推測される。

数日後、上ノ道を南下した義貞軍が、府中の分倍河原《ぶばいがわら》合戦に勝利した。鎌倉入りのさい、この千寿王も、尊氏の名代として同道している。鎌倉攻略軍の総大将は、足利・新田の二枚看板だった。占領後には当然だが両者の確執が予想されたし、実際にそうだった。尊氏が千寿王補佐のため細川氏らを京都から下向させ、東国武士団の棟梁権の帰趨をめぐる暗闘が『太平記』に語られている。

それにしても、義貞・千寿王らの鎌倉占領軍の拠点はいずれも頼朝時代のエリアだった。義貞が拠所とした勝長寿院（大御堂）も、義詮の永福寺（二階堂）もそれぞれが、源氏の記憶が宿されている場だった。この方面の戦禍が相対的に少なかったことはあるにしても、留意されるべきであろう。勝長寿院に関しては、建武《けんむ》二年（一三三五）の中先代《なかせんだい》の乱での北条《ほうじょう》時行《ときゆき》も鎌倉占領後にここを拠点とした。

地勢的観点でいえば鎌倉の心臓部に相当した。とりわけ、足利氏の二階堂周辺は六浦道沿いに展開した一族の屋敷地にも近く、戦闘にさいし撤退ルートの確保（朝比奈・名越切通）という点からも注目される。

2 葛原岡という場―日野俊基、「露の恨み」と雪冤―

化粧坂を登ると、現在の源氏山公園の一画に葛原岡《くずはらがおか》がある。「元弘」の記憶がここにも宿されている。討幕の先駆けの公家日野《ひの》俊基《としもと》*刑死の場である。北鎌倉の浄智寺から山筋ルートでもここに行き着く。山内道からの分岐道の一つで北方からの鎌倉入路の道筋だ。その意味でこの葛原岡は北辺にあたり、刑場にふさわしい。ここが記憶が集積する場であったことは『太平記』に語られている通りだ。

俊基朝臣ハ殊更謀叛ノ張本ナレバ、遠国ニ流スマデモ有ベカラズ、近日ニ鎌倉中ニテ斬奉ルベシトゾ定ラレケル、……俊基已ニ張輿ニ乗セラレテ、……葛原岡ニ大幕引テ、敷皮ノ上ニ坐シ給ヘリ……

（『太平記』巻二）

俊基の死は元弘二年（一三三二）六月のことだった。辞世にさいし、

秋を待たで葛原岡に消ゆる身の　露のうらみや世に残るらん

と詠じたとされる。まさに「秋を待たで」（時を待つことなくの意と、旧暦六月の時節は秋以前で、これを懸けた語）死出に旅立つ俊基の無念を語ったものだった。鎌倉陥落はまさにこの一年後であってみれば、刑場の露と消えた俊基の怨念が元弘の回天に導いたともいえる。葛原岡は幕府倒壊の始発の場だった。

その流れは再述しないが、「露のうらみや世に残るらん」との俊基の無念と悲憤は後世の歴史のなかで顕彰される。葛原岡神社がこれであり、その傍の供養塔がそれだ。いうまでもなく、明治・王政復古の観念的遺産である。前者は明治二十年（一八八七）に俊基の顕彰のために、従来からあった一祠を国家レベルの官幣社としたものだ。後者は俊基の宝筐印塔とされるもので、小さな墳丘墓の上にのせられた石塔は、国指定史跡とされる。

葛原岡という場の記憶はかくして近代に蘇ることになる。敗者となった武家を見おろすかのように。

だが、葛原岡の記憶はこれだけにとどまらない。年号としては「元弘」から離れるが、鎌倉府滅亡の永享《えいきょう》の乱（永享十〈一四三八〉～十一年〈一四三九〉）のおり、足利持氏《もちうじ》が戦況不利のなか武蔵から帰鎌する途上、上杉憲実《うえすぎのりざね》の家宰長尾忠政《ながおただまさ》と会談した地も、この葛原岡だった（『鎌倉九代記《かまくらくだいき》』）。

持氏はその後に永安寺で最期をむかえることになる。その限りでは、葛原岡は北条と足利という二つの武家の臨終に関わる場ということもできる。「元弘」に話を戻せば、日野俊基刑死の一年後、

葛原岡（『新編鎌倉志』国立国会図書館蔵）

新田義貞以下の討幕軍が鎌倉へと進攻を開始する。俊基が待ちに待った「秋」がおとずれることになる。

次に「元弘」の記憶の場として稲村崎へおとずれることとしよう。

＊　日野俊基は日野資朝《すけとも》とともに天皇の信任を得て討幕に参加、正中《しょうちゅう》の変（正中元年〈一三二四〉）で捕えられ、その後の元弘の変で再度捕縛、翌年葛原岡で斬られた。その悲劇的記憶は南朝思考が高まる近世の『大日本史《だいにほんし》』で復権を果たし、近代明治へと継承された。明治政府は南朝（吉野）の忠臣に対し、国家レベルの贈位運動を展開、明治十七年（一八八四）に俊基を従三位とした。本文で記した葛原岡神社は、この三年後に創建された。この時期、わが国の歴史学界でも歴史の復興・再生への働きかけがなされ、史学協会の設立があった。幕末の平田派国学や水戸学の流れをくむ復古史観との共通の意思が葛原岡の記憶と結合したことになる。また俊基の供養塔に関しては、これが当初からのものか否かの問題もあるようだ。これを国指定史跡とする運動の中心的役割をなしたのが歴史家の黒板勝美（一八七四～一九四六）だった。明治・大正期を代表するこの史家は『国史大系』の編纂や『国史の研究』の著作でも知られる。明治末年におきた南北朝正閏問題（南北両朝両皇統のどちらを正統とするかについての論争）では南朝正統派を自認した。その点では葛原岡には中世の世界とは別に近代明治も息づいている（この問題については拙著『「鎌倉」とはなにか』前掲を参照）。

3 稲村崎から見えるもの―義貞、龍神奉刀譚の行方―

幕府終焉の関連史跡として、稲村崎も有名だ。現在は、七里浜に面した史跡公園として整備されている。古い時代ここは海が迫っており、海岸部が隆起する以前には西方の腰越方面からの侵攻は困難だった。沿岸部が隆起する以前の稲村崎は、難所だった。幕府軍は海に兵船を浮かべ、かつ山陵上からの軍備で、新田義貞軍を挟撃する態勢を整えていた。

「月百姿、稲むら崎乃明ぼのの月」
（都立中央図書館特別文庫室蔵）

『太平記』から推測すれば、山間・内陸方面の巨福呂坂・化粧坂からの攻略による共同作戦がとられようとした。幕府側の迎撃の主力もこの山陵の切通方面に投入されており、海岸部の稲村崎方面からの突破は軍略上の課題とされた。その点で義貞による、幕府側の虚を突く稲村崎渡渉作戦は戦局の転換をもたらすこととなった。

討幕軍と幕府軍が激戦を展開した巨福呂坂・化粧坂・極楽寺坂・大仏坂はいずれも北方、西方からの鎌倉進攻ルートだった。もっとも海岸寄りの稲村崎ルートは極楽寺坂攻撃軍との共同作戦のなかで展開されたもので、難関が予想された。『太平記』（巻十）には、

> 義貞馬ヨリ下給テ、甲《かぶと》ヲ脱デ海上《かいしょう》ヲ遥々ト伏拝ミ、龍神ニ向テ祈誓シ給ケル。……至信ニ祈念シ、自ラ佩《はき》給ヘル金作《こがねづくり》ノ太刀ヲ抜テ、海中ヘ投給ケリ。真《まこと》ニ龍神納受ヤシ給ケン、其夜ノ月ノ入方ニ、前々更ニ干ル事モ無リケル稲村ヶ崎、俄《にわか》ニ二十余町干上テ、平沙渺々《びょうびょう》タリ……

と描写されている。織り込みずみの虚構だとしても、龍神への宝剣投授の場面はやはり興味深い。この龍神は近接の江島明神であることは明らかだろう。同じ『太平記』には北条氏家紋「三鱗《みつうろこ》」の由来譚として、江島参詣の北条時政《ときまさ》に龍神がそれを授与したとの逸話が見える。稲村崎はそうした場として人々の記憶に定着していた。

記憶云々で想起されるのは『保暦間記《ほうりゃくかんき》』が語る安徳《あんとく》天皇怨霊譚だ。頼朝は相模川橋供養の帰路

に怨霊と化した安徳帝と遭遇する。「稲村崎ニテ海上二十歳計《ばかり》ナル童子ノ現ジ玉ヒテ、……我ヲバ誰トカ見ル、西海ニ沈シ安徳天皇ナリ」と語る場面がそれで、頼朝がその怨霊に取り憑かれ、ほどなく死去したとの話を伝える。

　稲村崎とはそうした場の伝承とも関係する。安徳天皇も『平家物語《へいけものがたり》』での壇ノ浦入水にさいし、龍神に抱かれ海没したわけで、龍神云々の演出にとって縁ある場でもあった。稲村崎↓義貞↓宝剣↓龍神↓安徳↓頼朝へと連想が広がった。

　話を再び宝剣の話題に戻せば、元弘の乱での立役者義貞も、やがて越前藤島合戦で戦死する（暦応元年〈一三三八〉）。『太平記』（巻二十「義貞自害ノ事」）では、義貞を討った斯波高経《しばたかつね》と足利尊氏両者の宝剣をめぐる暗闘の場面が紹介されている。義貞は「鬼切」「鬼丸」の源家の宝剣を戦場に持参したが討たれ、高経がそれを手に入れた。高経は自身も源氏出身のため、武威の象徴として秘蔵しようとした。けれども尊氏は嫡流たる自分こそに宝剣相伝の資格ありと、高経から奪い取ったとの逸話を載せる。

　後醍醐《ごだいご》天皇から鎌倉攻略の武功の授与とされた二振の宝剣は、最終的に尊氏に伝えられることになる。この説話をあえて持ち出すのは、史実云々の詮索を離れて中世の人々が共有した観念について考えたかったからだ。天下掌握のためのレガリア（宝器）という点では、王家の三種神器の「草薙剣」にも匹敵するものだろう。つまりは義貞から尊氏への宝剣の委譲を介し、武権は足利氏の掌握するところとなった。その暗喩ということになろうか。

そのさい留意されるのは、源家の相伝の太刀が後醍醐から義貞に授与されていた点だ。天皇による遠征にさいしての節刀賜与という行為の源流に王権による武権の委任の観念があった。これを敷延すれば義貞への宝剣授与行為には後醍醐による王威の保証が示唆されている。

いずれにしても、源氏相伝の宝剣はいったん、義貞の手中に帰したが、最終的に尊氏の掌握するところとなる。史実を下敷きにした軍記物の附会説ではあるが、知っていても損にはなるまい。

幕府討伐の主役、義貞関係の場として稲村崎から連想が宝剣説話に広がったが、義貞の龍神奉刀場面は月岡芳年《つきおかほうねん》（一八三九〜九二）の錦絵でも知られている。明治十九年（一八八六）の「月百姿、稲むら崎乃明ぼのの月」での描写は歴史画の傑作とされる。『太平記』に取材したこのテーマは人々を中世へと誘うさいの道しるべともなった。何しろ、南朝の忠臣新田義貞の真骨頂がイメージされているためだ。稲村崎には中世を超えて、近代へと繋がる場が用意されている。

『太平記』のなかの中世は、時を超えて近代からも呼び出しがかかった。稲村崎に関しては「見る」だけではなく「聞く」こととも重なっている。文部省唱歌「鎌倉」（明治四十四年〈一九一一〉）の、「七里ヶ浜の磯づたい……」から始まる「剣投ぜし古戦場」の例のフレーズは広く知られている。「元弘」の記憶は忠臣たる新田義貞の登場により絵画や音楽的世界に広められた。

幕府を打倒したこの年号は、「王政復古」を標榜した明治国家にとって忘却できない中世の遺産だった。武家か天皇かのせめぎ合いにあって、京都的天皇世界が自己主張を実現できた数少ない事件、それが、「元弘」であり「建武」の年号だった。

稲村崎が伝説的回路で語られるたびに近代は、常に右のような形で顔をのぞかせる。蛇足ながら、前にふれた日野俊基と同じく明治政府は義貞に贈位した。明治十五年（一八八二）のことだ。それのみならず紙幣の肖像とした。明治六年（一八七三）の紙幣に登場するもので、これまた、『太平記』的世界で知られる児島高徳《こじまたかのり》とともに図案化されていた。稲村崎はその意味で義貞の記憶と結びつけられることにより、中世を飛び越え広がった。

4 東勝寺が宿すもの—高時という悲劇、「北条史観」—

「腹切りやぐら」の俗称で知られる東勝寺《とうしょうじ》は、その跡だけが残されている。葛西谷《かさいがやつ》の一画にあるこの地は、北条高時《たかとき》以下が自害した幕府終焉の象徴的遺跡だ。「元弘」を考えるさいに銘記される場である。滑川にかかる東勝寺橋を山陵部に向かうと突きあたりの平場の一帯に、東勝寺の跡地が見えてくる。

元弘三年五月新田義貞鎌倉ニ乱入スルヤ高時小町ノ邸ヲ後ニ父祖累世《るいせ》ノ墓所東勝寺ニ籠《こも》リ百五十年来殷賑《いんとん》ヲ極メシ府下邸第肆廛ノ今ヤ一面ニ焔煙ノ漲《みなぎ》ル所トナレルヲ望見シツ、一族門葉八百七十余人ト共ニ自刃《じじん》ス其ノ北条執権史終局ノ惨澹《さんたん》タル一齣ハ実ニ此ノ地ニ於テ演ゼラレタルナリ

大正七年三月建之　　鎌倉町青年会

「鎌倉町青年会」による建碑運動の成果の一環として、ここ東勝寺跡にも碑が建てられている。鎌倉市街の主要史跡は、同会の名でほぼカバーされている。郷土史復興の地元有志の思いが形になったものだ。大正から昭和戦前期に八〇カ所内外の保存碑文が見出されるという（稲葉一彦『「鎌倉の碑」めぐり』表現社、一九八二年）。この碑文それ自体が今や立派な近代の史跡に同化しているようだ。

この東勝寺自体は敗者の側の記憶が宿されている。『太平記』（巻十）には「平家九代ノ繁昌一時ニシテ滅亡」のことが臨場感あふれる筆致で語られている。高時自害にともなう一族の悲憤、諦念、そして鎮魂が伝わるようだ。右の碑文は敗れし者の最期を簡にして要を得た文章で伝えてくれている。

この東勝寺はかつては関東十刹《じっさつ》の一つで、北条泰時《やすとき》の草創（嘉禎三年〈一二三七〉）にかかり、退《たい》耕行勇《こうぎょうゆう》（臨済僧、永福寺住侶。北条政子《まさこ》や源頼家《よりいえ》・実朝《さねとも》が帰依）の開山《かいさん》とされる。山を隔て勝長寿院があり、そして執権屋敷跡（現、宝戒寺《ほうかいじ》）が隣接する。この近傍には鶴岡八幡宮・若宮大路もあり、幕府機能の中枢があった。東勝寺の名称の由来ははっきりしないが、東国の政治的首都を意識した呼称とされる。京都岡崎の六勝寺の事例にならうように、である。そんな解釈もなされている。北条執権体制のシンボル的寺院といえる。北条一門の惣領高時が「鎌倉殿《かまくらどの》」の立場で最期をむかえるのに、ふさわしい場といえる。「腹切り」の行為が負けない敗れ方の象徴であったことは了解されるにしても、『太平記』が語るあのシーンは凄惨にすぎる。かつて幕府滅亡以降の南北朝動乱の時代を評して近代の史家田口卯吉《たぐちうきち》が「わが国の史上、もっとも残虐なる時代」（『日本開化小史』一八七七年。岩波文庫、一九五〇年に再録）と指摘したのは肯ける。

それにしても高時評の低さは気の毒なくらいである。『太平記』での書きぶりも小さくないようだ。「田楽」と「闘犬」にふける無能なる統治者というレッテルだ。平清盛《きよもり》の『平家物語』でのネガティブキャンペーンと同じく、高時の『太平記』でも共通する。そこには天皇・院への対決姿勢があった。それは史実を離れて、清盛や高時の後世の評価のなされ方であり、『平家物語』や『太平記』に罪はない。要は二つの軍記作品の近代国家のなかでの解釈のされ方が大きい。

つまりは天皇（至尊）への絶対性を前提とした近代明治国家は、王家を排斥する動きを非とした。清盛が後白河《ごしらかわ》を幽閉したことも、高時が後醍醐を隠岐へと配流したことも、順逆的理念では許されない行為とされる。それは尊氏にしろ義時《よしとき》（承久の乱で後鳥羽《ごとば》を隠岐に配流）にしろ同然だった。この至尊への罪という一点で、彼らは近代国家から罰を与えられた。

とりわけ北条氏の場合はそれが顕著だった。「北条史観」と呼称された負のレッテルがそれだ*。このあたりは近代の発想と中世では同じではない。義時の場合は、中世の史論書での評価は高い。著名な南朝正統派の代表北畠親房《きたばたけちかふさ》の『神皇正統記《じんのうしょうとうき》』でも頼朝と同じく義時の評価は高い。すでに第Ⅰ部でふれた『建武式目《けんむしきもく》』にあっても、「遠クハ延喜《えんぎ》・天暦《てんりゃく》両聖ノ徳化ヲ訪《とぶら》ヒ、近クハ義時・泰時父子ノ行状《ぎょうじょう》ヲモッテ、近代ノ師トナス」とも語られているように、義時・泰時は、武家政治の規《き》矩《く》とされた。その点では秩序回帰を達成した人物を是《ぜ》とする中世における人物評に軍配があげられるべきなのだろう。「至尊」主義を標榜する近代国家は、健全さからは隔たりがある（この点拙著『「国史」の誕生』前掲）。

＊「北条史観」の源流という点では、江戸期朱子学の名分論からの勧懲《かんちょう》史観（順逆史観）の影響が大きい。加えて近代の国体論にもとづく皇国史観にあっては、高時も義時も、北条氏全体が「乱臣賊子」「逆臣」「逆賊」と評された。実朝暗殺も含めすべてが北条氏による陰謀と解されてきた。これは植木枝盛や福沢諭吉といった民権思想家にも共通していた。

彼ら近代の思想家たちの教養の源流は『大日本史』『大日本史賛藪《さんそう》』であり、さらに『日本外《にほんがい》史《し》』だった。戦前にあっては権謀術数は「義時イズム」「北条イズム」なる語が独り歩きするほどで、わが国での思想上の文化的〝沈殿物〟こそが「北条史観」ということになる。昨今の歴史学はその点で北条氏の復権がはかられつつある。

朱子学（漢学）だけではなく、国学の分野でも共通した。国学の泰斗として知られる本居宣長《もとおりのりなが》でさえ『玉勝間《たまかつま》』（十三の巻三十五）では北条氏に関して「東の賊北条義時、いたく荒びて、ゆゝしき世みだれおこして、かの族泰時時房などいふ賊ども、おしのぼり……三所の天皇たちを、遠所に遷し奉り……逆事のまがことにぞ有ける」と指摘する。かかる国学系統の考え方は、先の朱子学的思考と合体して幕末の水戸学へと継承、国体論に流入していった。

5 永福寺（二階堂）とはなにか―義詮、鎌倉再生の足場―

「元弘」の記憶として、二階堂もある。ここは頼朝時代の象徴的寺院ということもできる。終焉遺跡にこれを数えるのは、二階堂が占領軍の拠点となったからだ。幼主千寿王（義詮）は尊氏の名代として鎌倉入りしたさい、この二階堂の別当坊を拠所とした。山をはさみ裏側には護良《もりよし》親王を祀る鎌倉宮がある。

建久《けんきゅう》年間（一一九〇～一一九九）に頼朝が、奥州平泉の大長寿院（中尊寺）を模し、併せて宇治平等院の浄土様式でなしたのが、その来歴とされる。『吾妻鏡』が語るように、奥州合戦での彼我の犠牲者の鎮魂の寺として位置づけられている。「奥州ニ於イテ、泰衡管領ノ精舎ヲ覧ゼシメ、当寺（永福寺）ノ華構ノ懇府ヲ企テラル」（文治《ぶんじ》五年〈一一八九〉十二月九日条）と見えている。『保暦間記』では永福寺建立の目的を平泉云々とは別に「池禅尼（頼朝の恩人）ノ孝養」とも伝える。

そうした点はあるにしても、ここに幕府滅亡後に鎌倉の秩序回復の指令所がおかれた意味は考えておくべきだろう。新田義貞とともに千寿王は討幕の双璧だった（この点、第Ⅰ部参照）。義貞の陣営は鎌倉攻略当初は聖福寺（山内荘秋葉郷）にあったようで、その後は勝長寿院を本拠としたらしい（『鎌倉市史』）。

足利・新田ともどもが、かつての頼朝時代の拠所に陣を定めた。指呼《しこ》の間にありながら互いをライバルと意識したため、従う武士たちも二分された。千寿王の二階堂御所とされた別当坊の所在地は不明だが、二階堂の山上が候補地であるらしい。いずれにしても、尊氏の名代千寿王は、幼少ながら、鎌倉の中枢たるこの場を拠所にして、その存在感を示した。

昨今、この二階堂跡を史跡公園とする整備計画が推進されている。阿弥陀堂後方の山陵部はこの二階堂周遊の逍遥コースの一画であり、二階堂御所にまつわる「元弘」の記憶をさぐるうえで興味をひく。幕府時代の二階堂についても、特別に言及する必要もあるまい。迎賓館的要素をもつ寺院として、浄土様式が完備された宗教施設だったとされる。ここはまた『吾妻鏡』が語るように将軍たちの蹴鞠の催場でもあった。東国の政治的首都鎌倉が、京都と対峙するための演出が集約されていた。

ここで想起されるのは、この二階堂の近傍には足利氏関係の史跡群も少なくないことだろう。瑞泉寺がそうだ。そして六浦道（金沢道）に面しての報国寺・浄妙寺といった諸寺院も滑川に沿うように展開している。足利一門の鎌倉内の家領が大江（毛利）氏のそれを継承する形で幕府中枢地域にあったことは、その後の足利氏の立ち位置を考える材料ともなろう。

その点では義貞も同じく勝長寿院に陣所を設定したのは、占領軍としての思惑（源氏あるいは頼朝という記憶の再生）があったと思われる。足利・新田の両者が勝長寿院・二階堂それぞれを陣所と定めたことは偶然といえまい。

陣所云々でいえば、この二階堂別当坊に足利直義《ただよし》が鎌倉将軍府を設営する。元弘三年（一三三三）の冬のことだった。その将軍府の所在地は不明とされているが、千寿王の拠所（二階堂御所）とほぼ同じ地域だった可能性も高い（『梅松論』『鎌倉攬勝考《かまくららんしょうこう》』*）。

＊　参考までに、江戸期の地誌書『鎌倉攬勝考』では「按ズルニ、此トキ成良親王ヲ供奉シ直義下向、去ル五月大乱後ニテ多ク焦土トナリ、仮ノ御所モナケレバ、二階堂別当ヲ以テ宿営トセラレ……」と記され、さらに中先代の乱後も「八月十九日鎌倉ニ入給ヒシ比モ、二階堂別当ニ御座有」と指摘されている。ここを御所としたのは「先祖ノ旧跡ヲエラビ、御所ヲ経営セント議セラルル」とある。

「建武」を歩く

6 勝長寿院（大御堂）について—鎌倉の聖蹟を鎧う義貞と時行—

勝長寿院は源家の菩提寺だった。頼朝時代の聖地といえば、鶴岡八幡宮とこれに隣接する大蔵御所、そしてその南方に六浦道・滑川をはさみ位置するこの勝長寿院である。父義朝《よしとも》の遺骨を埋葬し、ことあるごとに聖蹟たることを頼朝は演出した。このあたりは『吾妻鏡』が伝える通りだ。

その勝長寿院を「建武」の記憶に結びつけるならば、ここは中先代の乱の主役北条時行とも関係する。幾度かふれたように、義貞が鎌倉占領にさいし、この勝長寿院に陣を据えた。義貞も時行もそれぞれが当該地に布陣している。北条を打倒した義貞と、その北条を再興すべく鎌倉奪回を果たす時行と、呉越ともどども勝長寿院に陣を構えた。一つは地勢的関係だろう。六浦道という要衝に位置し、滑川や若宮大路を防衛ラインに見立てるなら、軍略上の優位性が重視されたはずだ。

勝長寿院での時行布陣は短期間だったが、山を隔てて東勝寺が、さらには北条氏歴代の執権館が隣接する。その限りでは自身の血縁の場だった。鎌倉が有した「建武」という記憶にあって、時行の存在はこの勝長寿院とともに大きい。

建武体制の解体は時行の反乱から始まった。この反乱の延長に尊氏があった。「カクテ建武元年モ暮ケレバ、同二年天下彌《いよいよ》、穏《おだやか》ナラズ」との情勢のなかで「此比《このごろ》、公家ヲ背奉《そむきたてまつ》ル人々其ノ数ヲシラズ有シガ、皆喜悦ノ眉ヲ開テ御供申ケリ」(『梅松論』)とあるように、中先代時行は現状不満派の吸引盤だった。

建武体制がもたらした秩序原理が、ある種の理想・理念に依拠したことは多くの意見の通りだ。それへの抵抗勢力は現実という状況に依拠し、これを楯にしてゆく。状況・現実を規定するものは〝利〟である。失った所領の回復・安堵だった。

そこには当然建武体制とは別趣の秩序への要望があった。武家が培ってきた鎌倉期の長年の慣習への回帰願望である。時行は、反建武体制の当面の旗頭とされた。

建武政権への不満は直近の過去を呼び出す。鎌倉北条氏の再生である。時行が〝玉〟とされ担がれる意味は、そこにあった。時行は鎌倉奪回を目ざし、北国勢力の名越時兼《ときかね》とともに挙兵した。建武二年(一三三五)七月十日のことだった。

時行の鎌倉攻略が五万騎にのぼるとの『太平記』の表現は別にしても、この大勢力の前に直義は同月十六日に鎌倉を退去する。第Ⅰ部でもふれたように、その後、直義は尊氏との共同戦線で三河から東上、八月十九日、鎌倉を再奪還する。この間の状況について『梅松論』は「七月ノ末ヨリ八月十九日ニイタルマデ廿日アマリ、彼《かの》相模次郎（時行）再《ふたたび》父祖ノ旧里（鎌倉）ニ立帰ルトイヘドモ、イクホドモナクシテ没落シケルゾ哀ナル」と語っている。

ちなみに、足利勢を迎撃するため時行軍は、鎌倉出立のおり、大風のために大仏殿に難を避けた。しかしその大仏殿が倒壊、軍兵五百余人が圧死したとある。当の時行は鎌倉死去も伝えられたが、一方で北畠顕家《あきいえ》軍と合流、その後に南朝与党として反尊氏勢として動いたとされる。中先代時行は足利体制移行への導線を提供することとなった。反建武という点では北条も足利も同じであり、あるべき秩序への回帰が求められたわけで、鎌倉という場はその武家的秩序の象徴として機能した。時行もそして尊氏もその点では変わりはなく、両者の鎌倉の争奪戦を通して、北条への〝揺り戻し〟は完全に消滅することになる。

7 鎌倉宮の遺産—護良、尽きせぬ悲憤—

「建武」の年号は短い。後醍醐天皇の目ざした政治変革がそうであるように、である。この「建武」が投影されている場が幾つかある。鎌倉宮もその一つだ。中先代の乱（建武二年〈一三三五〉）の混乱に乗じ殺された護良親王を祀った社で、明治二年（一八六九）の創建だ。ここは古く東光寺があった。建武政権へのクーデタ計画が露見、捕縛された護良は鎌倉へと護送され直義の管轄下におかれる。建武元年（一三三四）の春のことだった。護良が幽閉されたのは、江戸期には「大塔宮土籠」と呼称され「覚園寺ノ東南、二階堂村山ノ麓ニ有」（『新編鎌倉志《しんぺんかまくらし》』）とある。その所在地は、当時の略絵図では理智光寺に隣接する東光寺（いずれも廃寺）にあったようだ。

ちなみに理智光寺は貞永《じょうえい》元年（一二三二）に後藤基綱《ごとうもとつな》が源実朝追善のために建立したとされる（『鎌倉攬勝考』）。隣接の東光寺は医王山と号し、当時はおそらくその名称から薬師仏が本尊だったと推測される。「薬師堂ケ谷」の呼称もこれに由来するのだろう。護良の土籠もこの薬師谷にあったと思われる。『鎌倉大日記《かまくらおおにっき》』（室町期成立の関東の年代記）にも「建武二年七月廿三日　兵部卿宮、東光寺ニ於テ直義ガ為ニ生害セラル」とあり、この東光寺境内の背後の山に土籠があったようだ。

護良の陵墓は急峻な山場におかれているが、おそらくはその一画に「土ノ御所」があったはずだ。現在の鎌倉宮はかつての東光寺の跡に建立されたもので、本殿の背後の山肌を穿った石窟が見られ、それを護良の居所跡とする。略絵図からも推せば護良の供養塔跡の可能性が高く、ここがいつしか人々の記憶のなかで土籠跡と解されたのだろう。

護良親王は建武体制のなかで特異な位置にあったことは、よく知られている。天台座主をへて、いち早く討幕に力を注いだ護良の来歴は別に譲りたい。武家とりわけ足利排斥の急先鋒として動いた護良は、ある面で父の後醍醐以上に「公家一統」への傾きが強い武人的気質のもち主だった。自らが征夷大将軍となることで武家との妥協を排する護良は、危険視された。危ぶみは尊氏・直義のみではない。ほかならぬ後醍醐が護良を警戒する。かくして護良の鎌倉配流に至るが、護良クーデタから鎌倉配流までの流れは、あるいは天皇および足利双方の共同謀議の可能性も推測されている。中先代蜂起による直義の鎌倉退去にさいし、護良は薬師堂ケ谷の幽閉地で生害された。『太平記』には後醍醐の決断で「是非ナク敵人ノ手ニ渡サレバ、遠流《おんる》ニ処セラルル事」としたことを朝権衰微の兆しと評してもいる。

生害された護良を、明治の政府がその地に鎌倉宮を建てて祀った。護良は『大日本史』をへて復活、明治に至りその雪冤がなされた。先に紹介した、文部省唱歌『鎌倉』にも登場する。「鎌倉宮

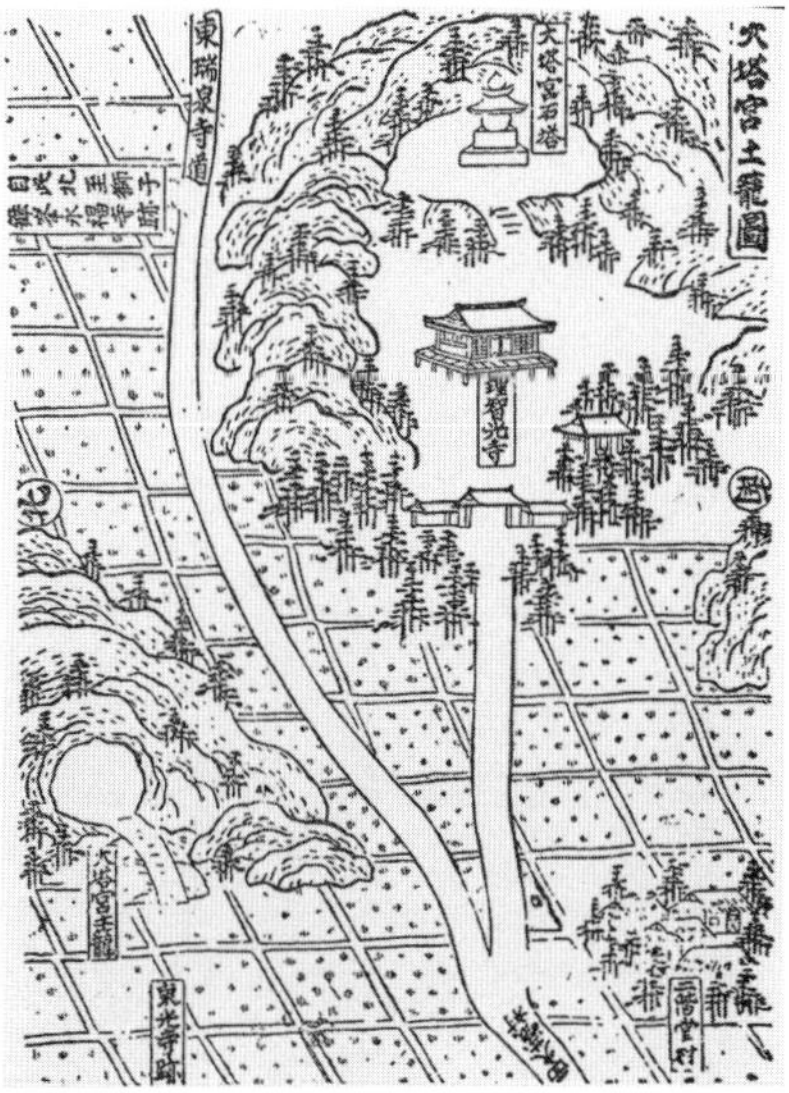

大塔宮土籠（『新編鎌倉志』国立国会図書館蔵）

ニ詣デテハ、悲憤ノ涙尽キヌベシ」と。『太平記』が語る護良の心情が仮託されている。

「王政復古」の理念のなかで実現された明治維新は直前の江戸の過去を否定するなかで、さらにそれ以前の中世を掘り起こした。その場合の中世は「王政復古」の理念に合致した記憶の再設定だった。「王政」への復活を中世に求めたさい、「建武」の記憶が重視された。武家打倒を試みた「承久」とともに「建武」は、近代明治が誇るべき中世の遺産であった。かくして「建武」は「中興」と規定され、人々の歴史意識を規定した。唱歌『鎌倉』もまたそうした流れで登場し、〝国民〟をつくるうえで大きな役割を演じたことになる。

8　浄光明寺をさぐる―尊氏、再起動の原点―

浄光明寺の最小限の情報を辞典風に示すと以下のようになる。「扇谷《おうぎがやつ》所在、真言宗泉涌《せんにゅうじ》寺派、山号泉谷山《せんごくさん》（藤谷山《とうこくさん》）。寺伝では建長《けんちょう》三年（一二五一）、北条長時《ながとき》（義時孫、父は重時《しげとき》）の創建と伝える。本開山は真阿《しんあ》。本尊は阿弥陀三尊像（国重要文化財）。足利尊氏・直義の帰依、鎌倉公方の祈願所。本堂裏に冷泉為相《れいぜいためすけ》のものとされる供養塔がある。

ここでは「建武」という年号に限定して同寺を語ることになる。すでに中先代の乱での鎌倉奪回が尊氏によりなされたことは指摘したが、当初、尊氏・直義両者が入ったのは二階堂だったらしい（『梅松論』）。が、しばらくして尊氏は宇都宮辻子の新造の御所に入り、この浄光明寺にも滞在する。

建武二年（一三三五）の冬の頃と考えられる。義貞との箱根・竹ノ下合戦は同年末のことで、そのまま尊氏は西上の途につくので、鎌倉の浄光明寺在留はわずかの期間ということになる。けれども、このわずかが尊氏はおろか、その後の武家の命運を大きく変えることになる。この寺は鎌倉入りを果たした尊氏が再起動をなす原点でもあった。

尊氏の離京は建武政府との〝手切れ〟を意味したわけではなかった。事実、京都側は中先代の乱終焉後にその恩賞授与の意思を尊氏側にも示していた。それと同時に尊氏に即時の帰京が要請されていた。尊氏はこれに応じようとしたが、直義を中心とした一門はこれに強く異を唱えた。このあ

浄光明寺（『新編鎌倉志』国立国会図書館蔵）

たりは『梅松論』に代弁させておこう。

下御所（直義）仰セラレケルハ、御上洛然ルベカラズ候、其故ハ相模守高時滅亡シテ天下一統ニ成ル事ハ、併《しかしながら》御武略ニヨレリ、然ルニ頻年《ひんねん》京都ニ御座アリシ時、公家幷義貞隠謀度々ニ及ブトイヘドモ、御運ニヨテ今ニ安全ナリ、適《たまたま》大敵ノ中ヲノガレテ関東ニ御座然ルベキ……

京都の天皇への未練を残す尊氏への諌めとして、右の直義の発言の趣旨は明瞭である。上洛不可の理由として、高時滅亡による公家一統が、「武略」によったこと。そして在京中の虎口からの脱出が「御運」にもとづいたことを説き、直義は京都行きをおしとどめたとある。

このうち「武略」に関わる前者は北条政権打倒の主体たる足利側の不満の表明でもあった。公家一統の原動力への再編が主張されている。後者は在京時代の危機脱却を可能とさせた尊氏自身の「御運」と、その運の〝使い尽くし〟への不安であった。この『梅松論』での直義の語りから、兄尊氏との気質の違いも推測される。兄弟の行動パターンでいえば、ブレる尊氏とブレない直義の両者の対比も語られているようだ。

『梅松論』には中先代の乱での恩賞沙汰について、関東下向の勅使によって建武政府の意向が語られていた。「東国ノ逆浪《げきろう》速ニ静謐《せいひつ》スル条、叡感再三ナリ、但、軍兵ノ賞ニオヰテハ京都ニヲヒテ、論旨ヲモテ宛行ハルベキナリ　先早々ニ帰洛アルベシ」と。恩賞は京都がおこなうので、ともかく上洛せよというものだ。

直義の前述の「武略」云々の発言は、その勅使が伝える発言への間接的批判を含むものだった。そこには恩賞沙汰権の朝廷主導への不満があった。そして勅使が語る「早々ニ帰洛」も尊氏を離鎌させ、京都への取り込みのためと推測される。鎌倉派の直義ならではの考え方だ。京都あるいは天皇に親近感を有した尊氏は大きくは京都派だった。〝ブレる〟兄は一方でカリスマ性をもっていた。弟とは違い兄は戦いの巧者だった。京都の朝廷も、鎌倉の直義もともどもこの認識は一致していたに相違あるまい。いったんは直義の諫言を受容したものの尊氏の思案がつづく。

天皇・朝廷の命に反し帰洛できない自身のおき場が、浄光明寺だった。現状を追認しつつ、自己の行動を決断する尊氏は、ある意味で状況主義者とも表現できそうだ。その限りでは武家・武門の論理で迫る直義の原理・原則主義の立場も尊氏は理解できたであろうし、他方で後醍醐的な公家一統も観念としては了解できた。状況は鎌倉・京都いずれにもそれぞれの「義」があり、「理」があった。尊氏は悩ましい選択を迫られる。かくして浄光明寺の尊氏は建武二年末、身を謹みつつ、省察の日々をすごしたことになる。浄光明寺入りした尊氏を取りまく政治環境を簡略に示すと以上のようになる。

以下はその浄光明寺のことだ。そもそもこの寺は北条長時の開基以来、同一族の所縁の寺だった。元弘の乱のとき最後の執権であった守時《もりとき》は長時の末裔にあたる。守時は化粧坂の激闘で戦死した。その守時の屋敷の一画に同寺が建立された。このことは後述の「敷地絵図」からも確かめられる。

尊氏は守時の妹（赤橋登子《とうこ》）を妻とした関係からここを鎌倉滞在中の拠所の一つとしていた。

尊氏は浄光明寺四世の智庵《ちあん》に帰依、寺領の寄進をおこなっていた。新田義貞が天皇の命で京都を出発、尊氏追討に向かったとの報を得ても、その智庵のもとで蟄居したという。『太平記』（巻十四）によれば義貞軍の関東下向の情況下、尊氏は建長寺で出家を決意する。義貞軍が鎌倉を目ざし伊豆三島に在陣、進退窮まった直義以下の足利勢は鎌倉に戻り、尊氏に出家の翻意を迫ったという。直義や配下の上杉重能《しげよし》らは義貞との対決のため、「謀書」を作成し尊氏にその再起を促した、とある。

「出家しても、勅勘逃れ難し」の趣旨の偽綸旨を謹慎中の尊氏に示すことで、翻意させることに成功した。『太平記』にあるこのシナリオは直義の信頼厚い上杉重能の発案だったという。

尊氏再起の報は広まり、やがて竹ノ下合戦で義貞を敗走させ、尊氏はその後西上の途につくことになる。

9 「敷地絵図」の世界―よみがえる「建武」の足跡―

上杉重能の花押が見える浄光明寺所蔵の「敷地絵図」にもふれておこう（詳細に関しては大三輪龍彦編『浄光明寺敷地絵図の研究』新人物往来社、二〇〇五年を参照）。同書の上澄み液だけを参取すれば、この絵図は国重要文化財に指定されているもので、幕府滅亡後の南北朝時代初期の成立といわれる。幕府滅亡にともなう政治的混乱で、寺領の安堵を要請したものだ。これまた「建武」の記憶を語る貴重な史料といえる。新旧の政治権力の交替が鎌倉内部にどのような影響を与えたのかを垣間見ることができるとともに、この絵図からは〝小さな中世的世界〟の豊かな情報を引き出せる。

縦六三センチ、横九五センチ、四紙一鋪の紙本墨書の絵図は、掲載しておいたトレース図からも明らかなように、境内範囲の画定とともに敷地内部での塔頭《たっちゅう》などの建物群が図示されている。図の左上隅から時計回りに「北」「東」「南」の書き込みと築地塀《ついじべい》を描写する。図中央に裳階付の唐様の「仏殿《ぶつでん》」、その東側に「庫院《くいん》」が、反対の西側には「僧堂《そうどう》」が描かれている。そして仏殿背後の階段上の裏山にも「慈光院《じこういん》」や「地蔵院《じぞういん》」の書き込みが見える。

現在の浄光明寺をおとずれてみると、かつての建物群はないものの、境内の随所に「建武」の記憶をたどることが可能だ。今日確認される浄光明寺の建物は後世のものだが、地形を含む様子を通じて、われわれを中世の時代に誘《いざな》ってくれる。とりわけ絵図に示されたやぐらの書き込みなど、貴重な情報が少なくない。

特に注目されるのは周辺の屋地《やち》である。庫院の東側に尾根を隔てて「守時跡」とある表記を含め、「御中跡」「刑部跡」「右馬権助跡」「上野守跡」「土州跡」等々と散見する。これらは指摘されているように（石井進「『浄光明寺敷地絵図』に記された人物は誰か」〈前掲『浄光明寺敷地絵図の研究』所収〉）、かつて幕府関係の屋地だった。その多くは「今所望《いましょもう》」の書き込みがあり、建武政権への寺領安堵の要望にさいし、これら跡地の寺領組み入れの要望を示すものらしい。こうした文言から寺領

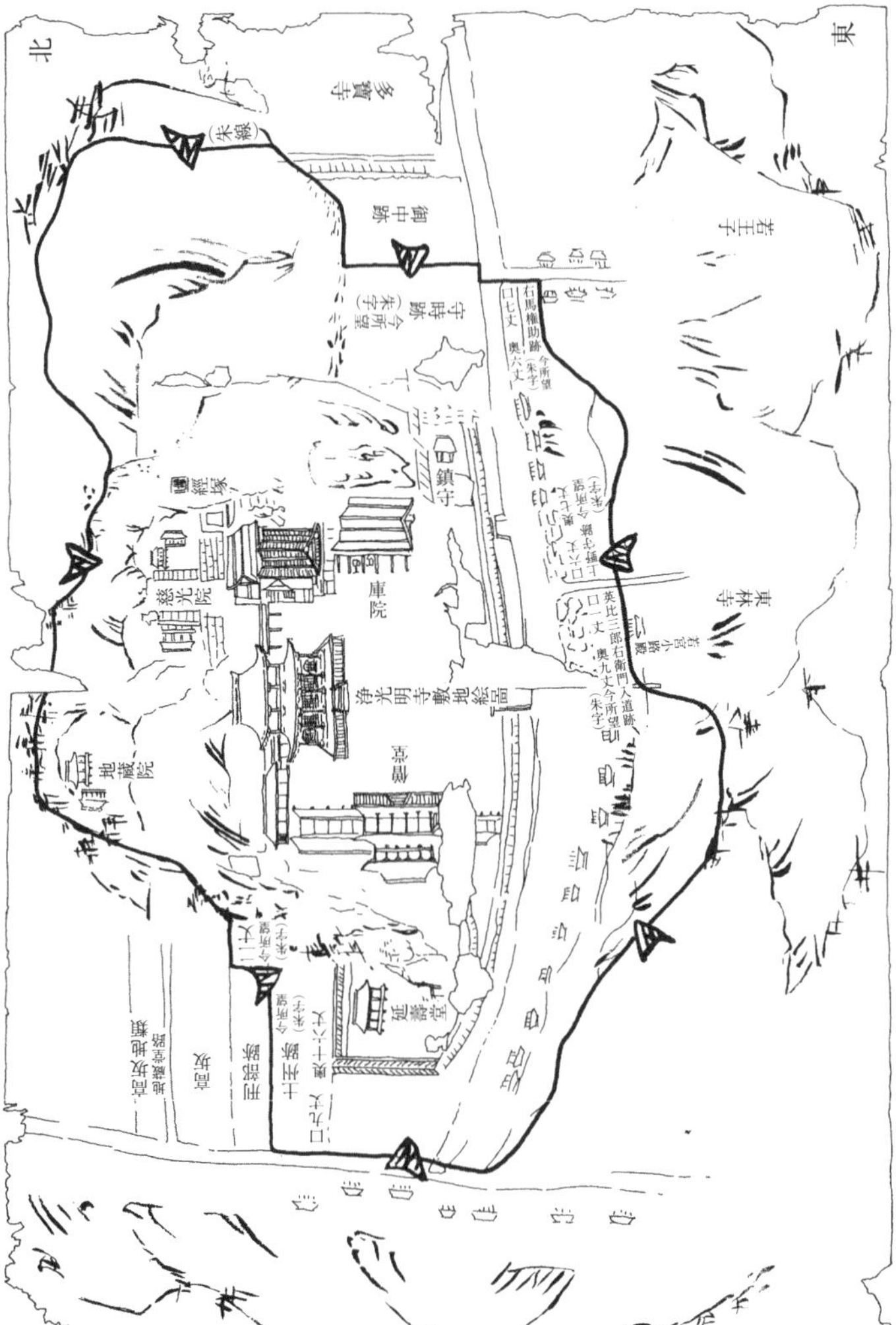

「浄光明寺敷地絵図」トレース図

安堵のため、新旧の権力交替時にその意志を表明したものと考えられる。

そして注目されるのは絵図の七カ所に見える前述の上杉重能の花押である。推測されるように寺地安堵の要望にこの重能が認可を与えたものだった。ちなみに屋地が「跡地」となっていることから、絵図が幕府滅亡後の元弘三年（一三三三）五月以降の作成と判断される。重能は既述の中先代の乱後の建武二年（一三三五）十二月、尊氏・直義とともに義貞を追撃し西上していたので、この間の作成であった点は動かない。絵図に見える花押にもこの「建武」の記憶が投影されている。

重能の花押が確かめられるものとして、鎌倉には同じく国重要文化財の「円覚寺境内図」（円覚寺蔵）もある。同じく建武段階のもので、寺領安堵などの所務沙汰《しょむさた》（所領の訴訟や安堵の権利関係の処理）に関与した重能の役割が注目される。浄光明寺はかつては後醍醐天皇の御願寺《ごがんじ》でもあり、尊氏帰依の寺で併せて尊氏の縁戚の赤橋家との関係が濃厚な所だった。

重能は宅間《たくま》上杉氏の流祖だが、観応の擾乱の初期に対立する高師直《こうのもろなお》の勢力に配流先で殺される。直義党に属したこの武人は『太平記』が紹介するように、偽綸旨の奸計を直義に進言し、尊氏再起を促した人物として知られる。鎌倉派の直義にとって、その右腕ともおぼしき人物で、寺領安堵を含む所務沙汰に関わる軍政官だったと考えられる。

この絵図の作成が、如何なる状況下でのことだったのか。おりしも、建武年間（一三三四〜一三三八）とするなら、「元弘」から「建武」への改元が討幕後の建武元年（一三三四）正月二十四日であり、中先代の乱はその翌年の七月だった。直義を中心とする鎌倉将軍府は前年の末に誕生しており、この絵図もその時期のものだったのか。だとすれば中先代以前の一年半余りが花押の候補ということになる。この花押は、重能が中先代の乱で軍事的に多忙となる以前のものである可能性が高い。

いずれにしても、この敷地絵図所載の花押による安堵は、中央の建武政府の理念を現地（この場合鎌倉）で執行した行為であったのか。あるいは鎌倉を現実的に支配する足利氏による保証行為であるのかも含め、諸種の議論が可能となる。

安堵とは所領や所職の保証を、それを体現する立場の機関や人物がなす行為である。それゆえにこの「敷地絵図」自体が浄光明寺側からの作成であった以上、安堵の体現者や機関への提出が想定されていたことになる。その意味では上杉重能による安堵の花押は、権利の今後の法的指標を語るものだった。浄光明寺側はこの絵図とともに寺地・寺領の領有の証拠書類（文書）を提出していたはずだ。

それは同寺の建立以来の危機であり、それを乗り越える算段のなかでの絵図の作成・提出だったと思われる。何しろそれまで鎌倉の秩序の統括者であった幕府が消滅してしまったのである。それにかわる秩序の体現者が希求された。足利氏は北条氏にかわるべきもっとも近い位置にあった。鎌倉将軍府内での存在も含め、建武政権全体にあっても、足利氏の力は大きかった。浄光明寺側の敷地絵図に見える上杉重能の花押はその足利氏の代弁者を意味したことになる。

2 鎌倉府関連史跡群

「観応」および「康暦」を歩く

10 公方御所と上杉屋敷—鎌倉府の界隈—

幕府倒壊後の東国の新秩序は鎌倉府が担った。「観応《かんのう》」という年号には、その鎌倉府成立段階の史跡がちりばめられている。鎌倉府の初代足利基氏《もとうじ》が鎌倉府の長官（首長）となったのは、貞和《じょうわ》五年（一三四九）九月のことだった。兄義詮との交替にともなう鎌倉下向だった。「観応」への改元は翌年のことだが、直義と高師直の対立に端を発する「観応の擾乱《じょうらん》」はすでに前年から始まっていた。鎌倉府の成立も広くはその流れから解釈できる。

建武政権解体後の新秩序の東国での担い手、これが鎌倉府ということができる。以前の鎌倉幕府とこの鎌倉府は、ともどもが武家の府にあって、秩序の統合者としての役割を与えられた。が、両者の違いは、両者の対抗勢力が決定的に異なっていた点であった。*

足利公方邸旧蹟

基氏が鎌倉に下向し、拠点を据えた場が今日「足利公方邸旧蹟」碑が建てられている近辺だ。滑川と平行するように六浦道が朝比奈切通へと向かう所である。隣接エリアには報国寺や浄妙寺など足利氏関係の寺院が集中する。当該史跡の来歴は江戸時代の地誌、例えば『新編鎌倉志』『新編相模風土記稿』でも詳述されている。それによれば「公方」の呼称は鎌倉府長官の僭称であり、制度上は関東の管領だったこと。ただその僭称が広く行きわたり「足利公方屋敷跡」の俗称が定着したこと。そして当地は鎌倉時代に足利の流祖義兼《よしかね》がここに拠所を定め、以後、その末裔もここを拠点としたこと、等々が指摘されている。

『吾妻鏡』には北条政子が義兼に嫁した妹の病気見舞いにおとずれたこと〈文治三年〈一一八七〉

十二月十六日条)、あるいは義兼卒去にさいし、ここが子息義氏に譲与されたことなどが記され、この地域が足利氏累代の居所だったことが知られる。その点では子孫の家時や貞時が報国寺・浄妙寺等の菩提寺をここに設けているのは偶然ではなかった。当時この付近は広く大蔵谷(大倉谷)にあたり、かなり広大な地域の呼称とされた。かつての鎌倉幕府も、この公方屋敷のはるか西方に御所を設けていた。ここには「大蔵幕府跡」の碑が見えている。大蔵谷は、鎌倉のなかの武家の故地として特別な記憶の地でもあった。

「観応」はある意味で鎌倉府体制のスタートに対応していた。従来の尊氏―直義の兄弟関係の統治システムから、尊氏―義詮・基氏という親子関係への変化にともない、京都を軸とする巨大な武権の同心円の内部に、小なりといえども東国を圏内におさめる鎌倉を軸としたもう一つの同心円が誕生した時期にあたる。後者の鎌倉府の中心こそが、公方屋敷周辺の大蔵谷一帯で、頼朝以来の源家の記憶の場だった。

この点をふまえ着目されるのは、上杉屋敷(犬懸《いぬかけ》・宅間)の位置関係だ。報国寺に隣接し、滑川の南岸にあたるこの地にかつて上杉管領屋敷があったという(『新編鎌倉志』)。上杉一族の来歴は後述するが、山内・扇谷両上杉氏台頭以前は犬懸・宅間両上杉氏は大きな力を有していた。上杉重能は宅間上杉の祖であったし、上杉禅秀《ぜんしゅう》は第Ⅰ部でもふれたが犬懸上杉の出身だった。この両上杉の屋敷地は公方屋敷とは滑川・六浦道をはさみ西南の方角に位置した。あたかも頼朝時代の大蔵幕府(現、清泉小学校周辺)と北条執権屋敷が六浦道をはさみ対面の関係にあったように、である。両者は相似の位置にあったことになる。

犬懸谷の地名は「衣掛谷」とも呼ばれ、山をはさみ釈迦堂谷から名越の切通へと続く要路でもあった。『平家物語』の小坪合戦にもその名が登場する。その点では管領屋敷の場としてふさわしい。『鎌倉大草紙《かまくらおおぞうし》』に名をとどめる上杉朝宗《ともむね》は犬懸出身の管領だった。

ちなみに足利・上杉の二人三脚体制を考えるさいに注目すべきポイントが二つある。まず足利氏については、鎌倉期を通しての北条執権家との血縁関係だった。幕府草創以来、前述の義兼（妻は北条義時・政子の妹）、義氏（妻は泰時の娘）、泰氏《やすうじ》（妻は時頼《ときより》の妹）等々の血脈が注目される。

そして上杉氏については、足利頼氏《よりうじ》以降の足利氏との血脈だ（頼氏の妻は上杉重房《しげふさ》の娘、足利貞氏《さだうじ》の妻は上杉頼重《よりしげ》の娘）。足利一門とのこの血縁は大きかった。足利氏の武権掌握に対応するかのように、その飛躍を可能にした。**

上杉氏は頼朝の挙兵に参加した生粋の東国武士団ではない。同氏のルーツは勧修寺流（高藤流）の藤原氏である。丹波国何鹿《いかるが》郡上杉荘（現、京都府綾部市）を領有、これを名字の地とした。上杉氏の祖重房は、鎌倉将軍となった宗尊《むねたか》親王（父は後嵯峨《ごさが》天皇）に供奉し鎌倉へと下向した。建長《けんちょう》四年（一二五二）のことだ。執権時頼の時代である。そうした関係で頼氏以降、足利氏との関係が深まり、鎌倉府内での役割を含め東国屈指の勢力へと成長することになる。

＊　鎌倉幕府は京都王朝の対抗勢力として存在した。このあたりは京都の室町幕府を抵抗の主体と

した鎌倉府との違いだ。鎌倉府は武家政権内部の近親憎悪が通底にあった。そこに武権の成熟を前提とした都鄙の対抗という面がある。その場合、鄙を自認する鎌倉府が拠って立つものは、ここが何よりも武家政権の故地であるという自覚だった。

京都幕府と鎌倉府は同一ベクトルの兄弟関係を本質とした。それゆえに対抗・対立の最終決着は武力に委ねられることになる。持氏による永享の乱はこれを示していた。

対して頼朝以来の「関東」の政権は京都王朝との距離を常に意識した。武権のバリアーが堅固でないこの段階は、京都王朝は「治天」の権力を鎌倉にも普遍化させる方向を有した。承久《じょうきゅう》の乱はそれであった（拙著『承久の乱と後鳥羽院』吉川弘文館、二〇一二年）。

王朝からの武士への〝調教〟を拒否するために、頼朝以来「関東」は官職の自由任官を禁じた。朝官就任は鎌倉殿の推挙が前提だった。このシステムが武家政権の政治的・制度的安定のポイントでもあった。対して「関東」の遺産を継承した鎌倉府にとって西に対しての対抗の対象は鎌倉時代のごとく朝廷ではなく、同じ武権の体現者である京都の幕府権力だった。当該期の室町の武権は、鎌倉時代のそれに比べ王朝を吸収した存在だった。武家が京都に同化した段階であるがゆえに、鎌倉府との対抗は不可避となる。

＊＊　重房の娘は足利頼氏に嫁し、重房の子頼重の娘清子は貞氏に嫁した。上杉氏の台頭は尊氏・直義とともに討幕に参じた結果だが、鎌倉府内での隆盛の基礎は清子の兄憲房《のりふさ》にある。今川了俊《いまがわりょうしゅん》の『難太平記《なんたいへいき》』によると、この憲房が尊氏に挙兵を勧めたという。建武政権離脱後は、憲房は尊氏・直義により新田勢力のおさえとして上野守護に補任されたが、建武三年（一三三六）の四条河原合戦で戦死した（『太平記』）。憲房以後の上杉氏は、山内・扇谷・犬懸・宅間という鎌倉内

の四つの地域に分流する。

11　浄妙寺、あるいは延福寺・大休寺

「観応」に関わるという点では延福寺や大休寺（旧跡）がある。現在はともに廃寺だ。鎌倉五山で知られる浄妙寺の境内にあったという。直義は「観応の擾乱」で敗北後、鎌倉で死去する。その場が延福寺だと伝えられる。『常楽記《じょうらくき》』（鎌倉末から室町中期に亡くなった要人の死没年月日、年齢、死没場所の記録。『群書類従《ぐんしょるいじゅう》』雑部所収）によれば「恵源（直義法名）、四十五歳、鎌倉延福寺ニ於テ円寂（死去）ス、卯ノ時ト云々」とある。『太平記』（巻三十）には「高倉禅門（直義）、観応三年二月廿六日、忽ニ死去シ給ヒケリ、俄ニ黄疸ト云病ニ犯サレ、ハカナク成セ給ケリト、外ニハ披露アリケレドモ、実ハ鴆《ちん》毒ノ故ニ逝去シ給ヒケリトゾ」とある。

『新編鎌倉志』にはこの延福寺は浄妙寺境内の西北にあり、足利高義《たかよし》（尊氏の兄）の開基でその法号にちなみ延福寺としたと見える。大休寺はその延福寺の西にある。『新編鎌倉志』の項には「石垣ノ跡アリ、古キ井二《ふた》ツアリ」との説明をほどこし「源直義ノ菩提所ナリ、此辺直義ノ旧宅ナリ」とも記している。

直義の死は、高師直が殺された一年後の二月二十六日のことだった。その死には種々の憶説が流れているが、『太平記』が語るように、毒殺とすれば師直党の行為でかつ尊氏もそれを承知してい

たとの推測もできる（『鎌倉市史』）。ただ尊氏は自身の死去の直前の延文三年（一三五八）二月に後《ご》光厳《こうごん》天皇に請うて、直義に従三位を贈位している（『太平記』巻三十三）。そのあたりは単に〝恩讐を超えて〟の面持ちなのか、あるいは非情の手段で葬り去ったことの呵責からのことかは定かではない。この尊氏のみならず義詮も貞治元年（一三六二）、京都の天龍寺の傍に大倉大明神として直義を祀った。大倉は浄妙寺がある大蔵のことであり、当然ながら尊氏・義詮父子には拭いきれない心の闇があったと疑いたくなる。

次に延福寺および大休寺に関連して浄妙寺についてである。この寺は尊氏の先祖義兼の創建にか

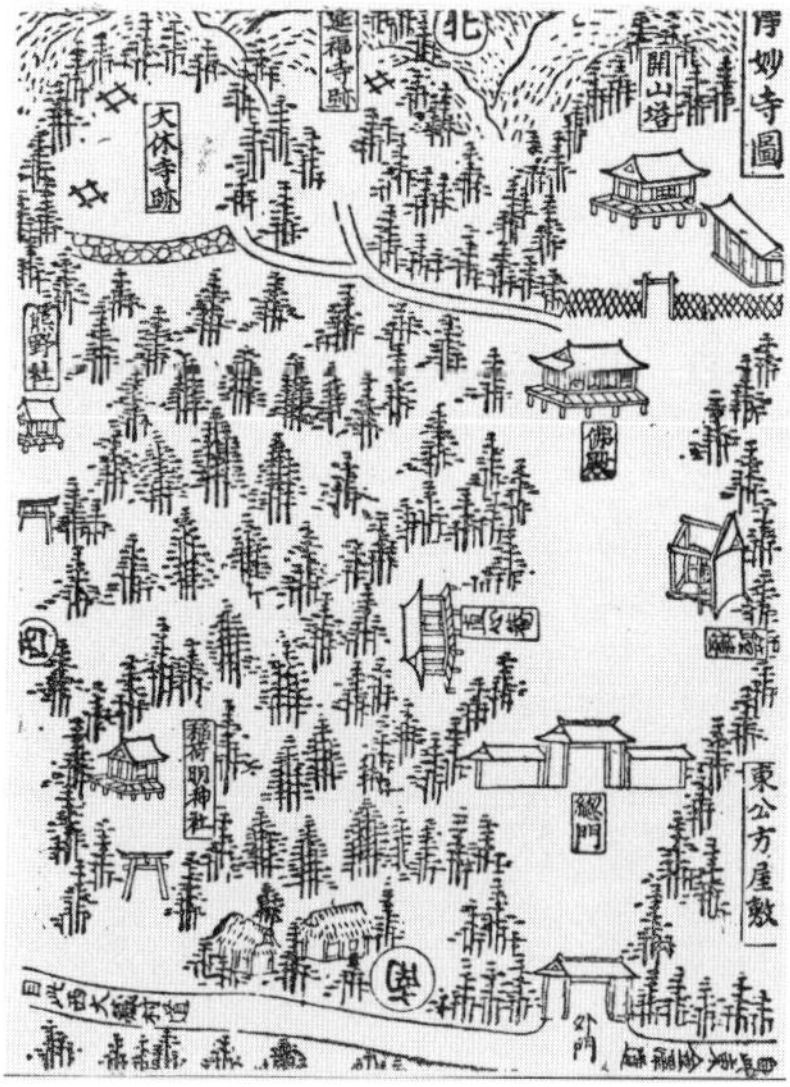

浄妙寺（『新編鎌倉志』国立国会図書館蔵）

かり、当初は極楽寺（真言宗）と呼ばれた。その後、義兼の子義氏の時代に禅宗寺院となったと伝わる。浄妙寺は尊氏の父貞氏の法号によるという。ガイドブック風の内容を加味すれば、臨済宗建長寺派、山号は稲荷山、開山は退耕行勇。現在の堂宇は江戸時代中期の再建と伝わる。

境内奥の一画にはその貞氏の供養塔（「明徳《めいとく》三年」の銘をもつ宝篋印塔）を目にすることができ、鎌倉時代の足利氏の足跡を知ることができる。直義の「御教書」も含め幾つかの古文書も伝えられており、注目される。

いずれにしても、この付近は足利氏の所領である。鎌倉が宿す「観応」の記憶は鎌倉府の樹立と表裏の関係といえる。基氏の元服と踵《くびす》を接するかのような直義の死去は、ある意味では鎌倉派と目される直義と新鎌倉殿たる立場で鎌倉の主人となった基氏の繋がりを示している。この両人は猶子の関係にあった。その限りでは直義の政治的遺産は基氏以下の血脈に継承されたことになる。

12　山内上杉屋敷と明月院について

「康暦《こうりやく》」改元の頃、鎌倉公方足利氏満《うじみつ》は京都に干渉しようとした。細川・斯波両氏の対立（康暦の政変）と土岐氏討伐問題に乗じ派兵を試みた。この氏満の逆心を死をもって諫めたのが管領の山内上杉氏の憲春《のりはる》だった。

鎌倉府の年代記ともいうべき『鎌倉大草紙』は、この憲春の諫死の場面から始まる。「京都ノ動乱ニ付テ内々スヽメ申ス人アリケルニヤ、鎌倉殿思召シタツ事アリ」と氏満の逆心にふれる。鎌倉にとって「康暦」という年号は、まずは憲春の一件と関係する。憲春は山内上杉氏に出自をもつが、この一族が居所とした山内は武蔵大路沿いに位置し、北方からの鎌倉の出入口にあたる。『新編鎌倉志』でも「管領屋敷ハ明月院ノ馬場先、東隣ノ畠地ナリ」と記す。明月院の近傍にその館があった。この地はかつて上杉憲顕が基氏に招かれ居を定めて以来、その居宅となった。憲顕の子憲春もここに住した。憲春は京都の足利義満《よしみつ》との提携を重んじたが、公方氏満の独走をおさえることが叶わず、持仏堂に入り自害に至ったという。『鎌倉大草紙』には、その状況が語られている。以下、少し長いが意訳しておこう。

鎌倉殿（氏満）は京都の内紛に介入するとの強い意向を管領憲春に伝えた。反対する憲春を尻目に軍勢を派遣した。憲春はこれを諫めたが氏満は承引せず、憲春は山内の館に帰り、内室（妻）に「決心のことがある。尼になってほしい」と伝えた。異《い》なことを望む夫だと不安を感じたものの、「堅者第一の人」である以上、背くわけにはいかないと覚悟を決め、夫の望み通り髪をおろした。憲春は出家のための衣を仕立てる妻の姿を見て、「無理な望みを伝えていることも、後になれば理由もわかるはず」と語り、その後持仏堂に入り腹を切った。

憲春の覚悟の自死の様子をこのように伝える。憲春の心中、内室の想いが伝わる場面だろう。

この憲春の死の報に接した氏満は京都派兵をとどめたとある。氏満には京都将軍への拘《こだわ》りがあった。「京都ノ公方将軍ノ御望ヲヤメラレ、御後悔アリ」とその心情を伝える。脚色がほどこされているとはいえ氏満の心情に近いものがあったと思われる。この「康暦」の事件のおり、氏満は二十一歳と伝える。憲春の死が三月七日。永和《えいわ》からの改元が同月二十二日（二十日の説もあり）のことなので、康暦改元前後のことだった。ちなみに鎌倉府ではこの数カ月後の閏四月段階でも依然として「永和」を用いており、京都とは一線を画する気分があったようだ。

憲春の後継となったのは弟の憲方《のりまさ》（道合）だった（憲春の兄との説もあり）。康暦元年（一三七九）の四月のことである。憲方は「康暦の政変」のおり、氏満から出撃を命じられており、翌年の小山《おやま》義政《よしまさ》・若犬丸《わかいぬまる》の乱にさいしても、その鎮圧に尽力した。特に小山氏の蜂起にさいしては、「京都御加勢」を氏満に進言するなど政治的気配りのできる人物だった。

この憲方もまたこの山内の館を居所とした。山内一族の居所はここではなく、佐介谷《さすけがやつ》方面にも館を構えていた。源氏山の裾野、銭洗弁天の近くに位置した佐介谷は、山内とともに鎌倉の出入口における要衝の場でもある。上杉四家（犬懸・宅間・山内・扇谷）の所在エリアは、鎌倉府の中枢を預かる関東管領の職責に対応するかのように各所にあった。犬懸・宅間は公方屋敷と六浦道をはさむ位置にあり、その延長には朝比奈・名越へと通ずる場に位置した。

山内・扇谷についても、北鎌倉からの軍略的拠点と目され、山内道とその支線というべき場にあった。北条泰時の時代に北鎌倉地域と巨福呂切通で連結、さらに時頼以降建長寺・円覚寺等々の禅宗の巨刹が誕生する。その寺々は宗教施設とともに軍略的拠点だったことにも思いを致す必要がある。

その意味で山内上杉氏の館が円覚寺・建長寺の中間の明月院の近傍にあったことは防衛上の観点からも興味深い。扇谷上杉氏の館も北鎌倉から亀谷坂をへて、市街に入る軍略的要衝に位置した。つまりは上杉四家のうちの山内・扇谷両家の拠点は鎌倉を貫く〝縦の道〟の防衛を代弁する。とすれば前記の犬懸・宅間の両者の拠点は六浦道という〝横の道〟での防衛拠点ということもできる。山内上杉氏の別邸だった佐介谷館は、その点でいえば大仏坂・化粧坂での防衛が構想されていたのではなかったか。その山内上杉氏の本拠は明月院に近かった。以下、少し明月院についてもふれておこう。

〝アジサイ寺〟として知られるこの寺も憲方の建立にかかる。その供養塔（宝篋印塔）も境内にある。明月院自体は寺伝によると、建立は康暦二年（一三八〇）のこととされる。氏満が憲方に命じ創建させた。公方・管領*ともどもが関与した寺ということができる。その限りではこの明月院もまた氏満、あるいは山内上杉氏の記憶が残る場ということができる。ちなみに明月院は憲方の法名に由来する。

元来、この明月院は禅興寺の塔頭だったが、禅興寺の衰退により幾つかの塔頭を統合、明月院が残った。禅興寺の前身が鎌倉時代の最明寺だった。五代執権北条時頼はこの山内に邸を構え、閑居の地とした。時頼は建長寺の開基で知られ、蘭渓道隆《らんけいどうりゅう》を戒師として落飾、弘長《こうちょう》三年（一二六三）

にこの最明寺で没した（三十七歳）。時頼を最明寺入道というのもこれに由来した。境内には時頼の墓を目にすることができる。この最明寺衰亡後、文永年間《ぶんえい》（一二六四〜一二七五）に時宗《ときむね》が父時頼のために同地に再建したのが禅興寺である。幕府滅亡の北鎌倉の地で点滅する北条から上杉への推移を最明寺や明月院は伝えているようだ。禅興寺の衰退のなかで氏満・憲方の保護で寺勢をのばしたのが明月院ということになる。

＊ 貞和五年（一五四九）に基氏が鎌倉に下向したことは何度かふれた。当初は「公方」ではなく、「関東管領」としての立場で下向する。そのおり、上杉憲顕《のりあき》・高師冬《もろふゆ》はともに執事として補佐にあたる体制だった。憲顕の子能憲《よしのり》もまた執事となり同族の憲藤《のりふじ》（憲顕の弟）の子朝房《ともふさ》も相並び執事職となったため、世にこれを両上杉と称することになる（能憲の流れを山内、朝房の流れを犬懸と称した。この両上杉の称はその後、扇谷家が台頭するに至り、山内・扇谷両家に移る）。その後、関東管領についてはやがて公方と称され、執事を管領と呼ぶことになる。
能憲死去後、管領は朝房・憲春・憲方・憲孝が相伝する。憲孝が病で辞職後、犬懸の上杉朝宗（朝房の弟）が関東管領に就任、ついで山内の憲定、犬懸の氏憲（禅秀）そして山内の憲基が続いた。憲基の子憲実が継ぐに及んで永享の乱が勃発する。

13 瑞泉寺が伝えるもの—鎌倉公方の聖地—

足利基氏・氏満関連の史跡として、瑞泉寺にもふれておこう。現在、鎌倉公方の二代目氏満の墓所*がここにある。氏満に関しては、「康暦」の年号との関連から前項の山内上杉氏のなかで若干ふれた。父基氏の政治姿勢を継承しつつ、氏満は鎌倉府の権力確立に尽力した。その「康暦」は、間接的ながら瑞泉寺にも関わりがある。前述の京都派兵騒動の特使として遣わされたのが同寺の古天《こてん》周誓《しゅうせい》だった。

瑞泉寺（『新編鎌倉志』国立国会図書館蔵）

古天和尚のような禅僧が政治交渉の使者となるのは興味深い。放下《ほうげ》僧の語があるように解脱を志し、世俗を脱した出家者が南北朝期に顕著となる。それはまた「方外」の語と通じる。「方」とは世間をさすが、いわばアウトサイダー的な存在をいった。僧侶という出家者に期待されるものは、政治的中立性だった。その意味で彼らの立ち位置は〝世間の外〟という無縁性を保持するがゆえに利害を超越し、敵味方関係なしの行動を期待された。

古天和尚の場合もそうであった。鎌倉公方氏満の使者として、その意思を「告文《こうもん》」という形で京都の公方（将軍）義満に伝える役割を担うこととなった。「公方」概念に分裂した個別的秩序の再統合の時代的契機がはらまれているとすれば、「方外」とはそうした秩序の網にかからない自由者というほどの意味もあったに相違あるまい。鎌倉を含め東国世界の政治的危機（氏満の京都への反抗的行為）に対し、関東管領とは別個に古天和尚が派されている意味は、彼が単に義満と懇意であったこと以前に禅僧の政治的役割にも注目すべきだろう。

『鎌倉大草紙』には「コノ和尚、夢想（夢窓疎石《むそうそせき》）ノ末弟子ニテ京公方（義満）御崇敬ノ僧ナリ」とあり、この古天和尚の仲介の功もあって、氏満の逆心については「子細ナキヨシ」として沙汰止みとされたという。右に見えている古天和尚の師が夢窓疎石で、瑞泉寺の開山にあたる。鎌倉末期の嘉暦《かりゃく》二年（一三二七）、二階堂道蘊《にかいどうどううん》（貞藤《さだふじ》）による瑞泉院が前身だった。基氏も疎石に帰依し、中興開基となり死後同寺に葬られた。以降も歴代公方の菩提寺的な役割を果たした。

既述の浄妙寺が鎌倉時代段階の足利嫡流家の菩提寺とすれば、瑞泉寺は基氏以降の公方家縁《ゆかり》の寺といえる。瑞泉寺は永福寺（二階堂）の東にあり、錦屏山《きんぺいさん》と号した禅宗（臨済）寺院である。留意したいのは地勢的位置だろう。瑞泉寺は鎌倉幕府の永福寺と対比できることだ。永福寺は鶴岡八幡宮や幕府の丑寅（東北）にあたり、邪気の封印の方向に位置した。

そうした流れでいえば、この瑞泉寺にも右の考え方を敷衍できるはずだ。瑞泉寺境内奥の北山は天台山と呼ばれていることも想起される。この点『新編鎌倉志』にも「今按ズルニ、将軍家ノ屋敷ヨリハ、東北ニテ、鬼門ニ当ルユヘニ、京都ノ天台山ニ似テ名タルカ」と指摘されており、いわば京都における比叡山が想定される。瑞泉寺は永福寺の延長の位置にあり丑寅にあたる。と、すれば、足利氏にとって瑞泉寺は永福寺にも相当することになる。永福寺は浄土世界の寺院としての演出がなされており、この瑞泉寺は禅的世界のそれであり、ともどもが意味ある場に位置した。

こうした諸点を考えれば、公方御所―浄妙寺―瑞泉寺のトライアングル的ブロックは、頼朝時代の大蔵御所―勝長寿院―永福寺という位置関係を六浦道沿いに平行移動したもので、一種の相似的要素が想定できるのかもしれない。

瑞泉寺は鎌倉五山に次ぐ関東十刹に数えられる。夢窓疎石との関係は前述したが、瑞泉寺はその弟子である五山の高僧義堂周信《ぎどうしゅうしん》とも関係が深い。基氏も義堂に深く帰依した。貞治《じょうじ》六年（一三六七）四月、基氏が二十八歳で死去したおりには、義堂が葬儀を取り仕切ったという。

『鎌倉攬勝考』などによれば、総門を入り右方の山ぎわに開山塔《かいさんとう》があり、そこに夢窓疎石・基氏・氏満の墓碑があるとする。この開山塔の彼方に大きな開山の座禅窟と称された岩窟もある。座禅窟の上方には夢窓が建てた「偏界一覧亭《へんかいいちらんてい》」跡がある。正面に富士山を臨む絶景とされた。

瑞泉寺は、江戸期の徳川光圀《とくがわみつくに》がおとずれたおりには、かなり荒廃していたようだ。光圀はこの「偏界一覧亭」を再建している。〝江戸の古都〟としての光圀の鎌倉への想いも看取できそうだ。武家の故郷ともいうべき鎌倉への愛惜が光圀をして『新編鎌倉志』** の誕生を可能とさせた。

＊　氏満の法名は「永安寺殿」であり、したがってその墓所は永安寺にあった。ここは持氏が自刃した寺、瑞泉寺の前面にあったため、廃寺となったさいには氏満の墓をはじめ諸々が瑞泉寺に吸収された。

＊＊　『新編鎌倉志』は江戸前期の鎌倉の地誌書としておさえておきたい。同様のものに『鎌倉攬勝考』がある。ともに今日は『大日本地誌大系』（雄山閣、一九二九年）におさめられている。両書とも、引用文献の豊富さとともに編纂時に現地をおとずれた際の絵図なども挿入され、当時の関係史跡を知るうえで有用だ。室町期の『鎌倉志』に由来する『新編鎌倉志』は光圀の命で、家臣の河井恒久《かわいつねひさ》・松村清之《まつむらきよゆき》・力石忠一《ちからいしちゅういち》が編纂にたずさわったとされる。八巻よりなる本書の刊行は貞享《じょうきょう》二年（一六八五）のことで、光圀の『鎌倉日記』が基礎になっている。「志」の書名が語るように地誌のスタイルの構成で、鶴岡八幡宮を中心に反時計回りで地域別の八つのブロックに分け寺社などの史跡群が詳述されている。現地踏査の結果が叙述内容に反映されており、史跡巡覧の手引きとされる。『新編鎌倉志』はその後の『鎌倉攬勝考』、さらに江戸末期の『新編相模国風土記稿』に基礎データの提供をなした。ちなみに植田猛縉《うえだもうしん》の『鎌倉攬勝考』は地域別のもので

はなく、「切通」「十橋」「仏刹」「堂宇」「廃寺」「御家人屋敷跡」などの主題別の構成となっている点が新味といえる。いずれにしても近世江戸期に、『新編鎌倉志』に代表される地誌書が多く登場したことは注目される。戦前の鎌倉町青年団（会）による著名史跡への建碑も、江戸期の学問的遺産を手がかりとした（以上の点は拙著『「鎌倉」とはなにか』前掲も参照のこと）。

「応永」を歩く

14 前浜そして佐介谷―持氏の敗走ルート―

以下での話は「応永《おうえい》」年号に関しての史跡だ。まずは上杉禅秀の乱関係から眺めておく。乱は応永二十三年（一四一六）、冬に勃発した。奇襲され鎌倉を脱した足利持氏の逃亡ルートは、十二所→小坪→前浜→佐介→国清寺→極楽寺→片瀬・腰越→小田原→駿河・大森館→伊豆となっている（『鎌倉大草紙』）。

持氏は近侍の木戸満範《きどみつのり》にうながされ公方御所を脱した。禅秀勢の監視をかいくぐり、裏山の十二所方面に避難、その後に逗子方面を迂回、海岸沿い（前浜〈由比浜〉）に佐介谷の管領屋敷で上杉憲《のり》基《もと》と合流した。乱の概要は第Ⅰ部でもふれた通りだ。禅秀蜂起から佐介館での持氏・憲基合流に至る市街戦があり、敗走した持氏勢はその後、腰越から箱根をへて駿河へと逃亡。やがて大森氏そして今川範政《いまがわのりまさ》の援護を得て、鎌倉奪回を果たした。

まずここに登場する公方屋敷の裏山の十二所は朝比奈ルートの六浦道沿いに所在し、光触寺にも近い。熊野社が勧請《かんじょう》された地で、十二所も熊野信仰に由来する。『鶴岡八幡宮寺社務職次第』（『群書類従』所収）によると、この地は鶴岡八幡宮の管轄だったという。この十二所をへて逗子に向かったと記されているが、今日でも十二所の交差点から南へのびる道筋をたどれば逗子・小坪方面へとのびている。旧道はこれと並行しており、持氏一行はあるいは山側の丘陵道を尾根づたいに南下した可能性もある。

そして前浜であるが、現在、滑川を境に西を由比浜、東は材木座に分かれる。この場に刻まれた出来事は少なくない。『吾妻鏡』からでも相当数だ。前浜は鶴岡八幡宮の〝御前ノ浜〟という意に相違あるまい。

この地は三浦方面に行く近道でもあり（『鎌倉攬勝考』）、かつて石橋山合戦のおり、平家に与した畠山重忠《はたけやましげただ》と頼朝側の三浦一族との合戦の場になった（治承《じしょう》四年〈一一八〇〉）。工藤祐経《くどうすけつね》が頼朝に勧め曽我《そが》兄弟の斬首をなそうとしたのも前浜だった（寿永二年〈一一八三〉）。その後、弟の曽我五郎時致《ときむね》は建久四年（一一九三）の仇討事件後、この前浜で斬首されている。静御前が義経の男子を出生、沈められたのもこの場である（文治二年〈一一八六〉）。さらに歴代の鎌倉将軍が二所詣《にしょもうで》（箱根権現・伊豆山権現）におもむくさいの精進・禊の浴潮の場だった。あるいは和田義盛《わだよしもり》の乱（建保《けんぽう》合戦）での敗北者の首実検もここでなされた（建保元年〈一二一三〉）。同じく実朝時代に宋人陳和卿《ちんなけい》による唐船の建造の記憶もこの前浜には宿されていた。また和賀江島の築港でも知られる（貞永元年〈一二三二〉）。

前浜に関わる出来事の様々はともかく、『鎌倉大草紙』の記録によれば、持氏一行は禅秀与党の監視をかわし佐介谷に到着した。佐介谷の上杉屋敷の所在地は定かではない。前浜・裁許橋《さいきょばし》の西北の谷が佐介谷だ。銭洗弁天の南に佐助稲荷社があり、『吾妻鏡』には前将軍の九条頼経《くじょうよりつね》が越後守北条時盛《ときもり》（時房《ときふさ》の子）の「佐介第二渡御ス」（寛元《かんげん》四年〈一二四六〉六月二十七条）と見え、時盛がここに屋敷を構えていた記事がある。義時の弟で時房の長子時盛は佐介氏を称しており、佐介館もその旧跡につくられたと考えられる。

それはともかく、禅秀方の奇襲の難をへて、持氏勢がこの佐介谷入りしたのは、十月二日の深更だった。上杉憲基の佐介館での防衛戦は四日から本格化した。化粧坂・扇谷方面、さらに極楽寺方面で戦闘が展開されたが、佐介館に隣接した国清寺*が火にかかり持氏・憲基は撤退を余儀なくされる。ちなみにこの寺は廃寺となっており所在地ははっきりしないが、上杉憲顕がかつて伊豆に建立したものを鎌倉にも建立したもので、氏寺的機能を有していた。

この佐介谷は、地勢的に大仏切通にも近い要衝の場だった。西方からの鎌倉攻略への備えの役割を担っていた。時房流北条氏が鎌倉の固めとして佐介谷に館を構え、さらにその南方の極楽寺方面にも同様に重時流が拠点を有していたことを考えれば、山内上杉氏の拠点も鎌倉期以来の北条氏の防衛戦略と対応していたことがわかる**。

伊豆の国清寺開基塔

既述したように北鎌倉の山内も北方の出入口にあたった。山内上杉氏は北のラインに位置した山内屋敷と西のラインのこの佐介館の二つを拠点とすることで、鎌倉防衛に備えたと考えられる。さらに、山内上杉氏には、もう一つ拠点があった。西御門屋敷がそれだ。右の二カ所が公方屋敷からは若宮大路をはさみ距離があったため政治業務をこなすうえでは支障があった。

西御門の地はかつての大蔵幕府の西を画する道にあたり（現、横浜国立大学教育学部附属鎌倉小学校・中学校の東側）、六浦道と交差するこの場もまた、軍略的に重要だった。この西御門屋敷については、佐介館を含めた山内上杉氏の三つの拠点はいずれも交通・軍略上から、大きな意味を有したことになる。

＊　国清寺については『新編鎌倉志』『鎌倉攬勝考』以来、種々の解釈がなされてきた。伊豆の国清寺に関しては、文覚《もんがく》上人の建立にかかる律院があったが、これを上杉憲顕が禅院に改めたとの伝承もある。ただし、これに関しては、大森金五郎『かまくら』〈歴史地理大観〉吉川弘文館、一九〇七年）で俗説として排している。二つの国清寺に関して吉田東伍『大日本地名辞書』（前掲）では伊豆国清寺は憲顕の葬所であったとしている。憲定《のりさだ》の時代にこれを鎌倉に遷したとする。ただし、鎌倉・伊豆両方に建立されたと考えることも可能だ。

＊＊　軍略上云々という観点では北条氏の館跡にもこのことが指摘できる。泰時の弟重時はその別業の地として極楽寺に住した（『吾妻鏡』弘長元年十一月三日条）。北条政村《まさむら》（重時の弟）は別亭を常盤（大仏切通）に営んだ（『吾妻鏡』康元《こうげん》元年八月二十二日条、弘長三年二月十日条）。そして時頼に関しても本文で指摘したように山内に最明寺を（同弘長三年十一月二十二日条）、さらに実時《さねとき》（義時の孫）も六浦（金沢）に別亭を建てた。金沢文庫・称名寺はよく知られており、朝比奈切通の延長にあり、六浦さらに房総渡海の重要拠点でもあった。

15　「鎌倉大乱」の戦場と道々の記憶

鎌倉での「応永」の記憶として、禅秀の乱は大きい。この乱で戦場とされた場を以下『鎌倉大草紙』を手がかりに整理してみよう。禅秀側の勢力を改めて整理すれば、次のような顔ぶれだ。禅秀の婿として下総の千葉兼胤《ちばかねたね》、上野の岩松満純《いわまつみつずみ》、下野の那須資之《なすすけゆき》、そして、舅《しゅうと》の甲斐の武田信満《たけだのぶみつ》に代表される婚姻ネットワークと連なる勢力だ。* さらに常陸の大掾《だいじょう》満幹《みつもと》、佐竹《さたけ》（山入）与義《ともよし》、下野の宇都宮左衛門佐、陸奥の篠川御所満直《みつなお》・結城《ゆうき》満朝《みつとも》・蘆名《あしな》盛久《もりひさ》なども同心した。また、在鎌倉衆では木戸範懐《のりかね》や二階堂・佐々木などの諸氏百余人もいた。

その禅秀側の布陣は次のようだった。十月二日の亥の刻（午後八時）西御門の宝樹院で旗をあげ公方屋敷の攻略をはかった。布陣の様子は足利満隆《みつたか》（持氏の叔父）が若宮大路、禅秀自身は二千余騎で若宮の鳥居で陣を構えた。千葉兼胤は米町に、佐竹（山入）与義は百余騎で浜の大鳥居（一の鳥居）から極楽寺方面に陣をとった。また岩松満純らは扇谷・化粧坂でそれぞれ陣を張り戦ったとある。

この間、持氏側は、佐介谷の上杉憲基屋敷へ逃れたが、憲基側は浜表の法界門・甘縄・薬師堂表・無量寺坂・化粧坂・扇谷での防戦を強いられる。結果として佐介谷の国清寺が焼かれ、鎌倉撤退を余儀なくされた。

以上が主要な戦場のおおよそである。禅秀勢は蜂起段階で公方屋敷を包囲すべく若宮大路の西側の所々に堀切・鹿垣をめぐらし、走矢倉をあげ持楯をほどこし、若宮大路沿いに布陣していた。公方持氏の身柄を捕縛し機先を制するためだった。

持氏の掌握の成否が大きかった。けれども失敗した。佐介館入りした持氏・憲基への攻略のために戦場は若宮大路の西側へと移っていった。甘縄・無量寺坂さらには化粧坂・扇谷地域は両軍の激戦がなされた場所で、佐介谷の防御ラインにあたる。無量寺谷はかつては安達氏の建立にかかる無量寺があった(『鎌倉攬勝考』)。寿福寺の南西に位置する谷で佐介谷と近接していた。

持氏・憲基の鎌倉退去に至る数日(二〜四日)の戦闘の中心は、若宮大路の西側に平行して走る今大路にかかる谷々だったと思われる。北は山内道そして横大路に至り、南は長谷小路・車大路に囲まれた当該地域は、佐介館を死守するさいの橋頭保だった。甘縄から無量寺坂、そして扇谷・化粧坂もそうした所だった。攻める禅秀勢力もここを突破しなければ佐介館を射程に入れることが叶わなかった。佐介谷に至る周辺の谷々には合戦の記憶が刻まれていた。

以上見たように「鎌倉大乱」での主要な戦場は、佐介館へ通ずる入りくんだ谷々だった。持氏・憲基は佐介館を没落するさいに後方の極楽寺坂から腰越へと逃げた。

＊以下では、禅秀与力の関東の有力武士団の大枠を補説しておきたい。禅秀の父朝宗は持氏の父満兼《みつかね》の信頼も厚く、犬懸上杉を隆盛に導いた人物だった。上総は犬懸家の基盤であり、千葉氏との婚姻もそうした背景がある。千葉は房総の名族で「関東八館《はちやかた》」(千葉・結城・佐竹・小山・那須・長沼・宇都宮・小田)に数えられる伝統的領主だった。

岩松も同様だ。岩松氏は新田義重《よししげ》の孫娘が足利義兼に嫁し、生まれた時兼が岩松を名乗った。時兼の曽孫経家《つねいえ》は中先代の乱で足利側に与し戦死。岩松の流れは経家の弟直国《ただくに》が継承する。禅秀の娘婿満純(法名天用)はこの直国の孫にあたる。

甲斐の武田氏については、武田信満の娘が禅秀の妻だった。乱後信満は持氏の攻撃で甲斐の木《と》賊山《くさやま》で自害した。信満死後、甲斐では同族の逸見氏が台頭、持氏に接近し、同国守護職の獲得を目ざしたが、幕府は信満の子信重《のぶしげ》への守護継承を支持、逸見氏を支持する持氏と対立することになる。甲斐は鎌倉府の支配圏に属したが、幕府の勢力と接する境界だった。

常陸の佐竹氏の庶子家である山入氏の参陣は、惣領家との対抗によった。佐竹氏は南北期以後同国の守護職を継承するが義盛の死後（応永十四年〈一四〇七〉）、持氏のあと押しで上杉憲定の次男義憲《よしのり》が同家を継いだために一門の山入氏が持氏側の強引な人事に異を唱え、禅秀に味方したとされる。

大掾氏の満幹のルーツは天慶《てんぎょう》の乱の功臣、貞盛《さだもり》流平氏の末裔だった。満幹は禅秀の四男教朝《のりとも》を養子にむかえていた。その関係で満幹父子は禅秀に参ずる。乱後、満幹は鎌倉の雪下の邸を持氏に急襲され敗死した（永享元年〈一四二九〉）。

そして、小田氏の場合も「関東八館」に数えられる名族で、遠祖は粟田関白道兼云々とされる。隣国下野の宇都宮氏と同族である。持家の母は佐竹（山入）の血脈に連なり、大掾氏に養子に入った禅秀の四男教朝と婚姻関係にあった（以上の点は拙著『その後の東国武士団』前掲も参照）。

16　片瀬・腰越について―持氏の逃走ルート―

佐介谷の上杉屋敷を敗走した持氏と憲基一行は、鎌倉の西の境域腰越へと向かった。

「佐介ノ館ニ火懸リシカバ、人力防ニカナハズ、持氏落サセタマフ、安房守（憲基）モ御供申シ極楽寺口ヘカカリ、肩瀬腰越汀《みぎわ》ヲ途ニ打チ過ギ給ヒ、小田原ノ宿ニ付キ給」（『鎌倉大草紙』）。これによると、彼らは佐介谷の南に位置した極楽寺口から腰越方面へ向かったようだ。

今日、西鎌倉とも通称されるこの一帯は、まさに鎌倉の西の際にあたる。『吾妻鏡』によれば鎌倉の四境は、東は六浦、南は小坪、西は稲村、北は山内とされた。* その点では肩瀬（固瀬・片瀬）方面は鎌倉の外に位置した。その東南の腰越も同様だった。『吾妻鏡』では固瀬と見えているが、片瀬と表記される。元来は鎌倉郡と高座郡の郡界を流れる境川の下流の呼称で、海へと流入するため「川水が片瀬に波立つ」ことに由来するという（『鎌倉攬勝考』）。

内と外の境界で、腰越とともに刑場の地としても知られた。大庭景親や和田義盛の乱での与同者たちがここで斬られている（『吾妻鏡』治承四年十月二十六日、建暦《けんりゃく》三年五月四日）。また腰越はやはり源義経《よしつね》の「腰越状」で有名だ。壇ノ浦後の元暦《げんりゃく》二年（一一八五）五月、平宗盛《むねもり》をともない鎌倉入りの際、義経はこの地にとどめられた。

ここはまた文治五年（一一八九）六月、奥州から届けられた義経の首実検の場でもあった。義経関係の史跡といえば、江ノ電（江ノ島電鉄）の腰越駅後方の急峻な参道を登ると満福寺が見える。龍護山と号したこの寺は義経の腰越での宿陣と伝えるが、不明だ。当寺には江戸期の版木の腰越状が展示されているが「弁慶ガ書ケルコト覚束ナシ」（『鎌倉攬勝考』）と指摘されている。記憶にまつわる〝伝承〟以上のものではない。歴史学では、なかったこと、無関係であったことは証明できない。その点で伝承が語り伝えられ、記憶が共有化されるに至る状況の分析・検討も必要なことだ。満福寺はそんな材料を提供してくれる。

腰越の地名由来は俗説を出ないが、『江島縁起』によると、江島に悪龍が住み、子を呑み込んだため、親がその死を悲しみ〝子死恋〟にちなむなど、諸種の由来譚があるようだ。いずれにせよ、浄・不浄の境界域とされた＊＊。

瀧口寺もまたこの片瀬・腰越の地にあった。日蓮《にちれん》の死後弟子の六人の老僧が、合力建立したとされる。「龍ノ口法難」と呼称される日蓮の関係史跡がここだ。「龍口」の地名は弁財天を祭神とする江島明神社の入口に由来する。新田義貞の鎌倉攻略軍もここ腰越方面から進攻した。そして稲村崎での宝剣投海があり、そのおりに感応した龍神は江島明神のそれであったことになる。

さて、「鎌倉大乱」に関わる「応永」に話を戻すと、持氏・憲基一行は片瀬・腰越から小田原へと逃走した。だが、禅秀方の土肥・土屋の一族にここを攻略され、夜間に箱根山に難を避け、応永二十三年十二月七日昼に箱根山別当証実《しょうじつ》の案内で駿河の大森館に入る。そして最終的に今川範政のもとに身を寄せた（『鎌倉大草紙』）。

この間、扇谷上杉氏の氏定《うじさだ》（扇谷上杉氏の流祖は憲房の弟重顕《しげあき》の孫の顕定《あきさだ》。氏定はその孫）は、持氏与党の立場で山内憲基とともに、禅秀勢と化粧坂方面で防戦するが深手を負い、この片瀬・腰越から藤沢道場（清浄光寺）へ逃れ自害した。ちなみに持氏が身を寄せた今川範政はこの氏定の婿にあたる。氏定の扇谷上杉氏の屋敷は寿福寺の向かい側にあり、横須賀線の踏切付近に鎌倉町青年団の碑文「扇谷上杉管領屋敷迹」が確かめられる。

なお、氏定自害の藤沢道場は鎌倉の外だが、簡略に言及しておく。時宗《じしゅう》（臨命終時に由来、平生を臨終と心得ることからの命名）の根本道場で、宗祖遊行上人一遍《いっぺん》智真《ちしん》の四世呑海《どんかい》の清浄光院《しょうじょうこういん》に始まる。「応永」の記憶云々でいえば、その上杉氏定の供養塔がある。もう一つ境内には「敵御方供養塔」も見られる。別名〝怨親平等の碑〟とも称され、禅秀の乱にさいし、持氏・禅秀双方の戦死・戦傷者たちを弔って建立されたものだ。

冥界の死者に勝者・敗者は無縁との時宗らしい気分がくみ取れる供養塔だ。ここも鎌倉の内と外を画する政治的周縁に位置した。藤沢道場はそうした場だった。持氏を鎌倉から追い落とし、いったんは勝ちを得た禅秀は、その後の伊豆・駿河方面からの持氏勢による反転攻勢で一挙に立場が逆転する。藤沢道場はその勝敗の記憶が残されていた。

敵御方供養塔（清浄光寺）

そこで持氏の反転攻勢の契機ともなった駿河の今川氏に関しても若干補足しておこう。同国守護今川範政の存在は大きかった。駿河はその地勢的関係において坂東（足柄坂・碓氷坂以東）の外側に位置し、「国堺ノ守護」との形容がふさわしい。鎌倉府の統轄領域は東国（坂東）十カ国であり、駿河は含まれることはなかった。それは鎌倉幕府以来の伝統的観念だった。かつて承久の乱にあって関東の幕府側が、京都の上皇側の勢力を、足柄坂・箱根に封じ阻止・迎撃しようとしたのも、そうした意思の表明だった。

あるいは二所詣（箱根権現・伊豆山権現）という守護

の神々の場が当該エリアに集中していることも、すべて無関係ではない。その限りでは、駿河は東国に属しつつも、地勢的な特異性から京都の幕府との関係が濃厚だった。幕府にとって駿河は、鎌倉府を関東の外から監視・牽制する存在だった。東海道にあって対鎌倉府の最前線にあたる。逆に禅秀側は掌中の持氏を箱根の外に逃亡させたことが致命的となった。

今川氏は元来三河を本貫とする足利一門の名族だ。遠江そしてこの駿河守護職を南北朝期以来歴任してきた。範政は同氏七代の嫡流に位置した人物で、持氏擁護に向けて幕府より禅秀追討の御《み》教書《ぎょうしょ》を与えられた。『鎌倉大草紙』には応永二十三年十二月二十五日付の諸家への「回状」が載せられている。

「今度、関東御開《おひらき》ノ事、先ズ以テ驚キ入リ存ジ候」の書き出しで始まる回状の趣旨は次のようなものだった。京都からの御教書と併せて「御旗」が下着していること。幕府の命令に背くことは「謀叛ノ輩」への同意に連なること。それは同時に「先祖譜代ノ忠節」を失うことになること。さらにかつての観応の擾乱での、由比山（薩埵山《さったやま》）合戦での自家の忠節に言及、それが「天下静謐」の契機となったこと。したがってそうした先例にかんがみ、先非を改め道理に従うことが諸家に求められると結び、禅秀の逆心とその与同者との対決姿勢を鮮明に打ち出すものだった。禅秀勢の敗走は翌年の正月のことであった。

＊　鎌倉の四境に関して参考になるのは、陰陽道での四角四境《しかくしきょう》祭だ。『吾妻鏡』元仁《げんにん》元年（一二二

四）十二月二十六日条には疫病が流行、北条泰時が四角四境の鬼気祭をおこなったという記事がある。この四角四境祭は元来は疫病（疫神）の侵入防止のための祭に由来した。奈良期以来の中国経由のもので『続日本紀《しょくにほんぎ》』にも所見する。ちなみに京都の場合の四境とは逢坂（会坂）・和《わ》邇《に》・大枝《おおえ》・山崎とされる。特に西方の大枝山は酒呑童子《しゅてんどうじ》が疫病神の代神とみなされていた（高熱のおりに朱色を帯びるのも、この疫病のためだとされる。なおこの大枝山は丹波・丹後の大江山との説もある）。『吾妻鏡』での四角四境は京都のそれにならったもので、寛喜《かんぎ》三年（一二三一）五月四日、さらに嘉禎《かてい》元年（一二三五）十二月二十日に御所の艮《うしとら》・巽《たつみ》・坤《ひつじさる》・乾《いぬい》の四隅と巨福呂坂（山内）・小坪・六浦・固瀬河でこれを営んだとある（この四角四境祭に関しては『吾妻鏡必携』吉川弘文館、二〇〇八年も参照）。

＊＊　浄・不浄の境界には刑場があったことは共通する。鎌倉の北方の入口である山内もそうだった。建長寺近辺はかつては地獄谷と呼称されており、ここには心平寺《しんぺいじ》があった。建長寺の前身にあたる心平寺の地蔵菩薩像は、そのまま建長寺の本尊として現在でも仏殿に安置されている。一般に禅宗寺院の本尊は釈迦如来のはずだが、建長寺の場合、あえて地蔵菩薩像が本尊であるのもここが地獄谷の記憶と重ねられていたことによる。

＊＊＊　本堂奥の長生院に小栗判官満重《おぐりほうがんみつしげ》主従と照手《てるて》姫の供養塔も見える。伝承によれば、満重は常陸の小栗の領主だったが「応永」の時期に鎌倉公方の持氏の攻撃で敗北、主従十一騎で逃亡途中、相模の有徳人《うとくにん》のもとに寄宿する。遊女と酒宴を催し、そのなかの照手姫と契りを結ぶ。宿主は小栗判官を籠絡しようとするが叶わず、毒酒で殺害しようとする。藤沢道場の住職の霊夢で、一人救出された小栗はその後、熊野本宮の湯泉で治癒した。他方、脱出に助力した照手姫も危機を脱し、

その後は美濃青墓で遊女の境遇にあった。常陸の本領を回復した小栗判官とやがて再会、帰国の途上で盗賊横山一族を打倒、道場に恩恵を謝したとのストーリーとなっている。説教節「小栗判官」は右の説話を拡大したものだ。

17 雪下の場と「応永」の様々―禅秀自刃の余波―

鎌倉公方持氏のリベンジが始まろうとしていた。

一時は勝者となった禅秀は、応永二十三年（一四一六）十二月の半ば以降没落する。一つは今川を介しての京都側からの援兵による情勢の変化であった。そして、二つには、越後上杉氏の関東への来援だった。持氏とともに伊豆まで同道した管領の憲基はその後越後へ逃れたが、十二月十九日に碓氷坂を越えて、鎌倉へと進撃してきた。越後の上杉氏は、憲基の縁戚にあたりその要請で南下助勢した。

他方、持氏を擁した今川を中心とする東上軍は、足柄を越え小田原方面へ進攻、土肥・中村・土屋の禅秀与党を撃破した。明けて翌年の正月一日、禅秀・足利満隆以下の中心勢力が武州世谷原（現、横浜市瀬谷区）へと出陣したものの、小田原・国府津方面からの持氏軍を阻止できず、帰鎌した禅秀側は十日に雪下の実相院で自刃した。

『今川記』によると、持氏は十七日、憲基はそれ以前の十一日に鎌倉入りをしたとするが、それ以前の九・十日の雪下合戦で持氏たちは鎌倉入りした可能性もある。

以下、禅秀一党が敗死したその雪下についてふれておく。鶴岡八幡宮の近辺を歩くと今日でも雪下の地名を目にする。かつては八正寺《はっしょうじ》谷の地名の一つだったという。八正寺谷は鶴岡八幡宮の西北方に位置し「雪下二十五院」が所在した。巨福呂坂と大臣山との間の谷にあったようだ（吉田東伍『大日本地名辞書』前掲）。鶴岡八幡宮は「八幡宮寺」と正式には呼称された。鶴岡八幡宮の仏事に携わる僧侶（供僧《ぐそう》）が集住する中心が八正寺で、その谷に二十五院があった。

『新編鎌倉志』には江戸期に再興された等覚院・浄国院・相承院以下十二の坊舎の名が紹介されている。鶴岡八幡宮の西側の巨福呂坂にかけ点在した坊舎の一つに実相院があった。ここは鶴岡八幡宮別当快尊の坊舎で、快尊は『鶴岡八幡宮寺社務職次第』（『群書類従』）によれば、「氏憲入道禅秀ノ息也」と記され、禅秀とともに敗死したとある。

この別当坊群が建立されたのは頼朝の時代であった。寿永《じゅえい》元年（一一八二）九月に「鶴岡ノ西麓ヲ点ジ、宮寺別当坊ヲ建テラル」（『吾妻鏡』）とあり、その後、建久二年（一一九一）に、菩薩信仰により供僧二十五坊の建立がなされたという。

現在はこの付近には鶴岡文庫がある。八幡宮関係の文書の調査研究機関である。この場所は「応永」の禅秀関連の史跡とは異なる「承久」の記憶も刻まれている。文庫の脇道を登ると最奥に小さな社がある。後鳥羽上皇を祀った今《いま》（新）宮《みや》社である。『吾妻鏡』（宝治《ほうじ》元年四月二十五日条）には後鳥羽院の御霊を鶴岡の乾（西北）の山の麓に勧請したとの記事が見える。*

本来雪下は巨福呂坂から山内道へのルートにあたる。雪下合戦の直前の瀬谷原の戦いで敗走した禅秀軍は、追撃する持氏軍に先立って、北鎌倉方面から雪下入りしたと考えられる。持氏は禅秀追討のために浄智寺に布陣した。追われる側そして追う側もこの巨福呂坂・山内路が攻防の地だった。この八正寺谷を中心とした雪下は、禅秀勢にとって拠るべき最後の地だったといえる。

＊ 承久の乱で敗れた後鳥羽院は、隠岐へ配流され、在島十九年にして没した。延応《えんおう》元年（一二三九）二月のことだ（『吾妻鏡』同年三月十七日条）。後鳥羽の死から三カ月後、顕徳院の号が贈られた。そして没後三年の仁治《にんじ》三年（一二四二）七月、顕徳院を改め後鳥羽院とすることが決せられた。この仁治三年九月に、順徳院も佐渡で崩御する。そして北条泰時が六月十五日に没した。時房さらに三浦義村《みうらよしむら》など承久合戦の関係者たちが相ついで世を去った。あたかも後鳥羽の怨霊に引きずられるかのように、である。こうしたことが今宮社の建立の背景にあった。『神明鏡《しんめいきょう》』（南北朝末期の成立、後年南北朝期の伝説・怨霊譚も採取、『続群書類従』雑部）には、後鳥羽没後、鎌倉中で喧嘩闘諍が頻出し、怨霊の所為と風聞された旨の記述もある。

18 軍忠状を読み解く—烟田幹胤の一所懸命—

以下ではこの禅秀の乱について、「記憶」の広がりに引きつけて別の角度から整理しておく。戦闘に参加した武士の軍忠状を手がかりに考えたい。持氏に与力した烟田幹胤《かまたもとたね》の軍忠状が残されている。* そこには前浜合戦や佐介合戦さらにその後の瀬谷原合戦、そして雪下合戦に至る戦闘の様子が軍忠日記風に記されている。いずれも公方持氏への参陣・軍忠を伝えるものだ。『鎌倉大草紙』とは別趣の臨場感が語られており、参考までにこの幹胤の軍忠状（便宜的に読み下しにした）を紹介しておく。

烟田遠江守幹胤申ス軍忠ノ事

去ル年十月二日ヨリ鎌倉大乱ニヨリ世上忩劇ノ間、同三日、上方（持氏）佐介へ御移ルノ間、外門ノ手トシテ、昼夜宿直《とのい》ノ警固《けいご》ヲ致シテヨリ以降《このかた》、飯田民部丞《みんぶのじょう》御不審《ごふしん》ノ刻《きざみ》、乗馬ヲ切ラル。同六日、前浜《まえはま》御合戦ニ於テ太刀打《たちうち》致シテ若党《わかとう》松山左近将監幹信《さこんしょうげんもとのぶ》、疵《きず》ヲ被《こうむ》ルト云々《うんぬん》、ソノ後同十二月、河村城へ馳セ参ジテ、同ジク懐嶋ノ御陣、同ジク藤沢・同ジク飯田原・同ジク瀬谷原ノ御合戦ニ先《さき》懸《が》ケ仕《つかまつ》リ、武者一騎切ッテ落トシ、頸《くび》ヲ取ラント欲スルノトコロ御敵落チ重ナルノ間、押隔テラレ分捕ラザルノ間、証拠トシテ腰刀ヲ取リ、既ニ大将一色宮内大輔殿《いっしきくないたいふどの》御検知《ごけんち》ノ所ナリ。鎌倉雪下御合戦ニ至ルマデ無二ノ戦功ヲ励ミ供奉《くぶ》セシムルノ段、他ニ異ナリ、所詮速ヤカニ御証判ヲ下シ給ハリ、後代ノ亀鏡《きけい》ニ備へ、イヨイヨ御大事ヲ叶へ奉ランガタメ、恐々言上件ノ如シ。

応永二十四年二月　日

（証判）「承リ候ヒ了ンヌ　（花押（上杉憲基））」

軍忠状は鎌倉末・南北朝以降に登場する様式で、文字通り合戦の戦果を軍奉行（軍の統括者）に上申（報告）し、勲功の証としたものだ。「着到状」と呼称されることもある。

烟田幹胤は宗家《そうけ》の鹿島氏に属し、武功の数々をあげたことを記している。幹胤は戦闘終了後に持氏から感状を与えられた（「足利持氏御判御教書写」同文書史料九五号）。右の文書が書かれたのが禅秀自刃の応永二十四年正月の翌月のことで、軍奉行《いくさぶぎょう》に提出され、最終的に関東管領の上杉憲基の証判が与えられたのだろう。その点では軍忠状は勝者が合戦終了後に自己の武功（軍忠）を上位者に認定してもらう証拠だった。

　ここに記されている内容を見ると大きく二つに整理できる。一つ目は持氏敗走段階での戦闘場面（佐介合戦、前浜合戦など）、二つ目は持氏が攻勢に転じ雪下入りするまでのものだ。

①　一つ目では、十月二日の「鎌倉大乱」で持氏の佐介館への移動にともない、「外門」警固の担当をしたこと。飯田民部丞の不審な行動（裏切か）で乗馬を切られたこと。
同六日の前浜合戦（佐介陥落で持氏が小田原へ逃げたおりの戦）で太刀打戦となり、幹胤の一族で若党松山幹信が負傷したこと、等々が述べられている。

②　二つ目では、その後（同十二月末）に持氏の駿河からの反撃で河村城に参集、懐嶋（現、藤沢）さらに瀬谷原（現、横浜市瀬谷区）での先懸をなしたこと。そのおりに、武者一騎を討ち取っ

たこと。頸をとろうとしたが敵が群参、押し隔てられたため当該武者の腰刀を証拠としたこと、等々が語られている。

これに関しては一色宮内大輔殿の「検知」(実見)をへていること。さらに鎌倉雪下合戦でも無二の戦功をし、供奉の忠誠を果たしたことを記し、叙上の武功での証判を賜わり「後代の亀鏡」としたい旨が示されている。

①で留意したいのは、「佐介合戦」での外門警備、これ自体が幹胤にとって軍忠の証であり、同時にその時に飯田民部丞に自身の乗馬を切られたことも軍功として書き上げていることだ。飯田なる人物は、おそらく前後関係から常陸大掾一族と思われる。当時、大掾氏は禅秀側に与力して、烟田一族とは敵対の関係にあったのでその可能性が高い。

「前浜合戦」では一族の幹信の負傷の件が軍忠日記に見える。この時期の戦闘形態を知るうえで興味深い。烟田氏が本家の鹿島氏配下の武士団として参戦しており、その烟田氏も惣領たる幹胤のもとで一族が結束して戦場にあったことがわかる。

②は、幹胤の瀬谷原合戦での武功の件についてのものだ。首取困難な状況下での腰刀の分捕りも、武功の証とされた。戦場での証拠主義のあり方を知ることができる。さらに雪下合戦にふれ、鎌倉殿への無二の忠節での恩賞要請の常套句で結ばれている。

烟田幹胤という地方武士の目線から戦場でのリアリティーが伝わってくる。彼らにとって合戦とは一族の存亡に関わる「一所懸命」の世界だった。

以上、軍忠状からの証言を介して、禅秀の乱での戦闘模様について眺めてきた。

＊ 烟田一族の武士団としての活躍は「烟田文書」に見える。同文書は常陸国鹿島郡に居住した烟田氏に伝えられた文書群で、鎌倉中期から戦国期にわたる長期の一族の足跡を伝える（『烟田文書』の性格や全容に関しては別にふれた〈拙著『武士の誕生』講談社学術文庫、二〇一三年〉）。

「永享」を歩く

19 浄智寺に立つ──公方たちの軍略拠点──

以下の話は禅秀の乱に勝利した持氏が、今度は敗者へと転じた年号「永享」に関わるものだ。「禍福は糾《あざな》える縄の如し」の警句のように、持氏の命運は目まぐるしく変わる。鎌倉の「永享」年号は武家の都が灰燼に帰す大きな分岐点となった。それでは、「鎌倉大乱」〈禅秀の乱〉を含め、幾度か顔をのぞかせた浄智寺にふれたい。公方持氏のみならず歴代公方たちの軍略の拠点だった。そのことをまずはおさえておこう。

浄智寺は東慶寺と山を隔てた山稜の麓にある。鎌倉十井《じゅっせい》の一つとされる「甘露《かんろ》の井」が総門の脇にある。ゆるやかな坂道を上った奥に山門が見える。雪下合戦で禅秀たちを敗死させた持氏は、鎌倉入りにさいし山内路に位置した浄智寺に逗留した。ここは巨福呂坂そして亀谷坂さらにその背後の道を登れば源氏山をへて化粧坂・扇谷へと通ずる三方向の道筋の要にあたる。

北鎌倉方面から鎌倉への出入口を扼《やく》したこの寺は地勢的・軍略的拠点だったため、歴代公方たちの関東遠征にあって必ず利用された。基氏の「入間川御陣」もそうであったように、この浄智寺経由の山内路をへて府中高安寺へ向かうという鎌倉街道の経路が想定できる。同寺は鎌倉五山という宗教的施設であったとともに、軍事的要衝だったため幾度となく戦禍にさらされた。今日、目にできるのは、近世以降に再生した伽藍だ。

「明月院ノ向ナリ、金峰山ト号ス、五山ノ第四ナリ、平師時建立……開山ハ宋ノ仏源禅師、諱ハ正念大休ト号ス、文永六年来朝ス」。『新編鎌倉志』はこの寺の来歴をこう記している。ほかの『鎌倉攬勝考』『相模風土記稿』などの江戸期の地誌も類似の内容だ。寛永《かんえい》（一六二四～一六四四）の時期に浄智寺をおとずれた沢庵宗彭《たくあんそうほう》の『鎌倉巡礼記《かまくらじゅんれいき》』（寛永十年〈一六三三〉）ではこの寺は荒廃していた。仏殿が再興されたのは慶安《けいあん》（一六四八～一六五二）の時期で沢庵の頃から十有余年後のことだった。江戸末期の天保《てんぽう》期（一八三〇～一八四四）には寺観も整ったとされる。ただし関東大震災（大正十二年〈一九二三〉）で仏殿以下の塔頭は壊滅した。今日、目にできるのは、同じく再興された仏殿・総門・山門である。

『鎌倉市史』（寺社編）などの諸書から寺伝を整理すれば、右のようになろうか。開基は執権北条師時《もろとき》とその父宗政《むねまさ》の両人とされる。宗政は北条時頼の三男で、両人の開基とするのは若死した宗政のために夫人がそのようにはからったのではといわれている（『相模風土記稿』）。開山は寺伝によれば宋僧大休正念《だいきゅうしょうねん》（仏源禅師）などであった。以下は「永享」という年号に特化した内容に限定したい。

禅秀の雪下合戦では、巨福呂坂をはさみ、浄智寺は最前線となる。『鎌倉大草紙』によれば持氏が浄智寺に入ったのは乱後の応永二十四年正月十七日とある。戦闘に際し持氏自身が浄智寺に在陣していたか否かは不明だとしても、鎌倉のなかは戦禍のさめやらぬ時期だったはずで、当然、大蔵の公方御所は焼失していた。

そのため持氏は御所再建までの二カ月余ここに逗留したとある。たしかに持氏にとってはこの浄智寺は禅秀の乱での勝利の記憶の「応永」と関わる。が、もう一つは敗北の記憶とも重なる「永享」と一体化していた。永享十一年（一四三九）の合戦において、持氏は、敗色濃き状況下、敵対する山内上杉軍とこの浄智寺に近い葛原岡で会談、その後、永安寺に蟄居し自害する。

持氏にとって浄智寺の付近は自身の命運を左右した場となった。時間が前後するが永享の乱に至る十数年間の流れをいま一度簡略にふり返っておこう。永享の乱の引き金は、禅秀与同者への持氏の復讐戦だった。この戦いの過程で佐竹（山入）・小栗・宇都宮などの京都（幕府）扶持衆への攻撃が大きかった。これが幕府を刺激することになる。

彼らのなかには当初は禅秀に味方したが、乱の終盤から持氏に加担・降伏した勢力も少なくなかった。彼らは地勢的に利根川以北を基盤とし、相・武両勢力を中軸とした鎌倉府を北から制する役割を幕府から期待されていた。あたかも箱根坂・碓氷坂の外に位置した駿河・信濃が西から鎌倉府を制するのと同様の関係といえる。

持氏の京都扶持衆へのそうした武力介入が、幕府を刺激することに繋がった。関東の公方たる立場での強権による成敗権行使は、京都との対立を生じさせた。持氏にとっては〝力の誇示〟こそが眼目だった*。ちなみに北関東への持氏の軍勢派遣でもこの山内路が利用され、浄智寺も遠征拠点となったと思われる。とりわけ常陸の小栗氏や下野の宇都宮氏攻略には、持氏自ら出陣しており、浄智寺ルートが利用されたはずだ。

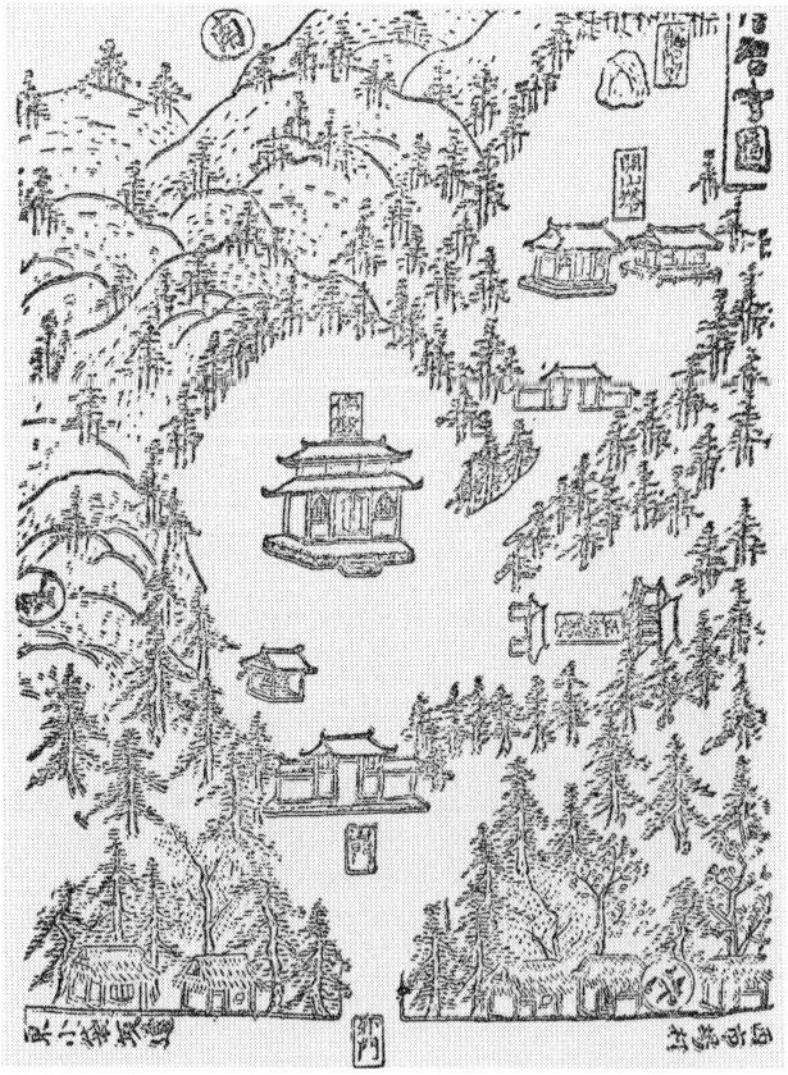

浄智寺（『新編鎌倉志』国立国会図書館）

禅秀の乱の戦後処理は、持氏側の強権発動で火種を残した。持氏近臣の武将たちとして上野の舞木氏、一色左近将監（持氏の外戚）、下野の木戸氏、常陸の宍戸氏が名を連らね、持氏とともに武力発動の主体をなした（『鎌倉大草紙』）。

持氏独走を不快とした京都将軍義持《よしもち》との間にミゾが深まる。その義持は正長《しょうちょう》元年（一四二八）正月に没した。そして将軍職は六代の義教《よしのり》が継承する。鎌倉にあって義持の後継を期待していた持氏は、新将軍義教への不満をつのらせた。永享の乱での持氏の武力闘諍は、「応永」以来の対京都への鬱積した不満であった。

持氏の「永享」年号の使用は改元後二年をへた段階だった。京都幕府の影響下で決定された「永享」を不快とした持氏の抗心があった。和解・対立をくり返す鎌倉・京都は、かくして亀裂を拡大させていく。この時期関東管領の憲実の存在も大きい。総じて鎌倉の公方持氏にとって「応永」の年号は将軍義持との対抗の記憶が重なるし、「正長」をはさみ改元された「永享」に関しては将軍義教との対立という構図だろう。

その「永享」の段階にも浄智寺は登場する。

＊　北関東と接する南奥州方面の動向も留意される。ここは今日の福島県の郡山・須賀川方面に稲村・篠川の御所がおかれ鎌倉府の奥州支配の要となった。禅秀の乱での両御所の去就とは別に、南奥州にあっては白河結城の一族も京都扶持衆として知られている。ちなみに関係武士団として

は、本文で記した佐竹・宇都宮・小栗以外にも常陸大掾・那須・真壁・桃井がいた。こうした幕府与党の勢力が存在するのは、在来の鎌倉公方の抗心が鮮明となってくる段階で、関東地域内部での分断策の結果と理解されている。その限りでは、持氏による京都扶持衆に向けての武力攻勢は幕府側への対抗の所産と解される。

20 鶴岡八幡宮と血書願文—持氏、決断へのカウントダウン—

「永享」の年号は持氏の滅亡と重なる。対京都という意味では鎌倉に沈澱していた不満の様々が流れ出した。将軍義教との緊迫した関係には足利一族の憎悪を超えて、都鄙に横たわる宿縁の対立があった。永享六年（一四三四）、持氏は武神鶴岡に血書願文を奉じた。仮想の敵人を創出するかの願文の文言に、自己の決意が秘められていた。

まずはその鶴岡八幡宮についてふれておく。

京都の内裏にも比すべき存在、これが八幡宮だ。王朝というグローバル性の創出である。この点はふれた。現在、目にする鶴岡八幡宮はかつての建物配置とは異なっている。今のように大臣山の山陵部に本殿が移されたのは、頼朝の建久年間（一一九〇～一一九九）の回禄（火事）以後のことだった（『吾妻鏡』建久二年〈一一九一〉三月）。中世後期から戦国期の八幡宮の姿は、後北条時代の「指図《さしず》（設計図）」をもとに復元されたレプリカが鶴岡文庫に展示されており、参考になる。この

「指図」は天文《てんぶん》九年（一五四〇）、北条氏綱《うじつな》の時代の八幡宮の様子だとされる。境内の大きさはさほど変わりはないが、周辺は土塀・回廊・瑞垣《みずがき》で囲まれ、内部の神殿配置も含め相当に異なる。*

鶴岡八幡の場にはさまざまな記録とともに記憶が積っている。この都鄙統合の象徴ということで、多くの出来事が想起される。年号でいえば、義経の愛妻静御前の「文治」の記憶が、実朝の惨劇を刻んだ「建保」もあった。鶴岡の八幡神は幕府の時代を含め、鎌倉府に至る約二五〇年に及ぶ時間が堆積していた。「永享」もその一環ということになる。

以下、持氏の血書願文について眺めておこう。

鶴岡ニ於テ、大勝金剛尊等身造立《ぞうりゅう》ノ意趣《いしゅ》ハ、武運長久《ぶうんちょうきゅう》・子孫繁栄、現当二世《げんとうにせ》安楽ノタメ、殊ニハ呪詛《じゅそ》ノ怨敵《おんてき》ヲ未兆《みちょう》ニ攘《はら》ヒ、関東ノ重任ヲ億年《おくねん》ニ荷《にな》ハンガタメ、之ヲ造立シ奉《たてまつ》ルナリ

永享六年三月十八日

従三位行左兵衛督源朝臣持氏（花押）

血書で認《したた》めた狂気迫る強烈な意志が伝わる。関東自立への強い決意と苦悩が文脈に滲んでいる。同文書の「永享六年三月十八日」の四年後、乱は勃発した。闘諍をも辞さない公方持氏の意志表明だったことになる。

そこには「武運長久・子孫繁栄、現当二世安楽」という常套句とは別に、「殊ニハ呪詛ノ怨敵ヲ

未兆ニ攘ヒ」さらに「関東ノ重任ヲ億年ニ荷ハンガタメ」という表現が見えている。持氏の真意はまさに後半にあった。そこに表現される「怨敵」云々は当然ながら京都であり、将軍義教であった。

父祖以来、両府の相剋は長くつづいていた。義満・義持そして義教の京都の将軍たち、対する鎌倉公方も氏満・満兼そして持氏と代を重ね、相剋の度合は増していった。「永享」には、神意の託宣（籤）で選ばれた将軍義教の自負と、関東の重責を担う鎌倉公方の意地が、宿されていた。

石清水・鶴岡の二つの八幡神をそれぞれに背負う形で対決が近づきつつあった。「呪詛ノ怨敵」の持氏のメッセージにはそうした内容がはらまれていた。関東の安泰・安寧を自覚する持氏にとって、京都側からの干渉を排除する堅固な意志が看取される。

両府相剋はここに至って顕著となった。幾つかの要因があった。四代将軍義持死去後の混乱とそれにともなう鎌倉公方持氏の野望もあった。「正長」から「永享」への改元にさいし（正長二年九月に永享と改元）、関東では「正長」を使用し、幕府への抗心を示していたこと（改元は幕府の意向の反映との認識）。篠川御所（満直）と京都との連携も重なった。そして将軍義教の富士遊覧という示威行動もあった。

鎌倉にあっては持氏の独走を抑える努力も重ねられた。管領上杉憲実による諫言である。正長元年五月の持氏の京都出兵への諫言もそうであった。憲基の養子として鎌倉入りした段階での憲実は持氏の主導下にあったが、その後、関東管領としての自覚は、京都幕府との協調姿勢の維持へと繋がった。この憲実の行動は当然ながら持氏の意向とは異なっていた。他方、幕府内部でも三管領・

四職の畠山・一色諸氏による義教独走を危険視する動きもあった。

両府の最大の不幸はそれを代表する両人（義教と持氏）の個性が突出しすぎていたことだった。京都と鎌倉ともどもが、自らの正義を演出しようとした。鎌倉という政治権力体が内に含む、京都への〝通奏低音〟ともいうべき対抗関係は、この持氏に至り一挙に拡大する。

＊　鶴岡文庫に展示されているレプリカは、天文の後北条時代の八幡宮の境内の姿とされる。「指図」自体、天正《てんしょう》十九年（一五九一）の豊臣秀吉《とよとみひでよし》時代の「鶴岡八幡宮修営目論見絵図」からの推測復元である。江戸前期の『新編鎌倉志』に載せる八幡宮の全容図と大きな相違はないようだ。その点では一五〇〇年代前半の天文年間の原型が江戸期の段階はある程度反映されていると判断される。「永享」の段階はそれより約一世紀ほど以前のこととなる。
それを参考に往時の姿をイメージすれば以下のようになろうか。源平池に架かる反橋《そりはし》（赤橋）をわたると回廊の正門（二王門）があり、ここが八幡宮の外回廊ということになる。絵図その他ではその外側に鐘楼が見える。二王門を入りさらにすすむと本殿に至る石段がある。上宮（祭神応神天皇）の楼門があり正殿（本殿）を囲む内回廊がめぐらされている。ちなみに現在もこの石段の下に下宮（若宮、祭神仁徳天皇）がある。位置はかつての所在地よりズレているが、大きな隔たりはないようだ。ただし、かつての中世から近世にかけて存在した種々の建物は倒壊・焼失したものも少なくない。

現在の八幡宮に所在するのは右に述べた上宮、下宮のほかに白旗社がある。現在の白旗社の所在地はかつて薬師堂があった所で、承久元年（一二一九）四月に三善康信《みよしやすのぶ》の奉行として建立されたとされる。『吾妻鏡』に見える神宮寺ないし神護寺はここにあったようだ。そして本来の白旗社（明神社）は上宮の西方に所在し、頼朝社と称された。頼家の建立にかかるとされる（『新編鎌倉志』）。

　ついでながらこの小田原合戦後の奥州平定戦の途上、藤沢からここをおとずれた秀吉が「凡ソ本邦広大ナリト雖モ卑賤ヨリ起リ、天下ヲ一統シ、四海ヲ掌《たなごころ》ニ握ルハ、足下ト我トノミ……我ハ足下ニ異ナリ匹夫ヨリ起リテ天下一ニ帰ス、創業ニ於テハ、我足下ヨリ優レリ……」（『大三川《だいみかわ》志《し》』）と語ったとの有名な逸話が残されているのは、この白旗社でのことだった。

21 永安寺が残すもの（其の一）―持氏滅亡、永享の乱の顛末―

「永享」と鎌倉の接点では永安寺も見逃せない。瑞泉寺に関してはすでにふれたが、永安寺はその瑞泉寺に隣接する。現在は廃寺でここも記録と記憶が交差する場といえる。持氏はこの永安寺で自害し果てた。『新編鎌倉志』所載の絵図には、瑞泉寺楼門の右手（東側）に「此谷永安寺跡」の表記がある。同書にはまた「永安寺ハ、源氏満ノ菩提所ナリ、氏満ヲ永安寺璧山全公ト云フ、応永五年十一月四日ニ卒ス、開山ハ曇芳《どんぽう》和尚、諱ハ周応《しゅうおう》、夢窓国師《むそうこくし》ノ法嗣ナリ、建長寺瑞林庵《ずいりんあん》ノ元祖ナリ、永享十一年巳未二月十日、持氏、此寺ニテ自害セラルト云フ」とある。『鎌倉攬勝考』もほぼこれを踏襲している。右に記す氏満は持氏の祖父で、康暦の政変（康暦元年〈一三七九〉、京都での管領をめぐる内紛に介入。上杉憲春の諫死に繋がった）に関与したことで知られる。このことは以前にもふれた通りだ。

『足利《あしかが》治乱記《ちらんき》』にも氏満は幕府（義満）と対立、将軍への野心が見え隠れする人物との指摘があり、「天下ニ両将軍アルガ如シ」と評されるほどだった。父基氏の菩提のため別願寺への所領寄進をはじめ、直義の三十三回忌仏事供養をなし、鎌倉府の権力確立に寄与した。義満の駿府下向（富士遊覧・嘉慶《かけい》二年〈一三八八〉）もその氏満の時代のことだった。京都への抗心が招いた結果だとされる。富士遊覧云々に関していえば、この持氏も関東自立路線は自らの範としたため同じく将軍義教の駿府下向を経験する。

持氏にとって氏満の開基にかかる永安寺とは、そうした場だった。[*] 持氏には祖父氏満の行為（関東平定・統合）の追体験の意思があったのかもしれない。あたかも京都将軍義教が義満の富士遊覧を強行し、自らを強い将軍と演出したように、である。持氏もまた強い鎌倉公方を重ねたはずだ。記憶の故実化は別段武家の専売ではないにしろ、なにがしかの行為を歴史のなかで合理化しようとすれば、過去は史実を容易に超えてしまう。その点では過去の出来事は〝あるべき記憶〟として同化し、故実・先例として作用する。持氏にとっての氏満は、「範」とすべき存在だった。ちなみに『鎌倉《かまくら》年中《ねんじゅう》行事《ぎょうじ》』（享徳三年〈一四五四〉成立）にはその冒頭に「京都鎌倉ノ御両殿ハ、天子ノ代官トシテ……御政務有ルベキ」とあり、鎌倉の京都将軍（幕府）への対等意識が見えている。氏満による反京都へ向けての意思は、読み換え可能な記憶に変容された。持氏にとって、氏満は鎌倉殿たる立場を自己発揚したお手本だった。祖父に自身を重ねることで自立主義を演出したのだった。

永安寺入りが持氏の発案なのか、あるいは憲実の意を受けた長尾忠政の提案なのかは不明ではあるが、同寺にいた持氏に幕府(義教)から厳しい処断が下された。持氏の助命を義教に嘆願する憲実は穏便の沙汰を期待した。関東の安泰の方策のためにも、それが望まれた。

けれども現実はそうはならなかった。義教による持氏打倒の決断は動かなかった。持氏自身もまた自らの行為が招く影響如何に、思惑の差があったのではないか。**自身はあるいは恭順・謹慎そして出家という途を考えていたのかもしれない。だが、義教はそれを封じた。

義教にとって、仮に管領憲実の思惑通りに事態がすすんだとしても、鎌倉の〝抗心の記憶〟を封ずることは難しいとの判断があった。そこには東国が育んだ鎌倉の政治的土壌への危惧があった。同じ足利とはいえ、幕府権力の補完的機能たり得なくなったことへの憂慮があった。

抗心の根は深かった。直義、さらに基氏へと継承された〝兄弟〟関係にもとづく二極的政治権力の構造にそれは由来した。さらにそれは鎌倉幕府以来の東国の地域的原形質にも関係していた。

伝統の王朝権力を接収した京都の幕府権力は、義満以来、統合を自らの課題とした。有力西国守護の勢力削減、鎮西の南朝勢力の制圧、さらには南北朝の合一等々である。義教の政策もそれを継承し、有力守護を弾圧しつつ、東国へと力の支配を広げていった。そのなかで〝公方潰し〟が現実化する。そんな流れであった。それはまた「観応」以来の懸案(東国との対抗関係)の解消にも繋がった。***

持氏の鶴岡八幡宮への血書願文以後、永享の乱勃発に至るまでには様々な原因があった。大きいのは憲実との決裂だった。永享十年（一四三八）六月の嫡子義久《よしひさ》元服にさいしての憲実の持氏への諫言（将軍の偏諱を拒否する行為への批判）と、持氏による反発（憲実追伐の軍事行動）だ。このことを予測してか、幕府側は奥州の伊達・蘆名・白河結城の諸氏に、篠川御所（満直）との連携を令達している。

東国にあっても信濃の小笠原氏や駿河の今川氏など、幕府与党勢力への結集が命ぜられた。かかる情勢下で鎌倉の留守を預かっていた三浦時高《みうらときたか》****が公方の大蔵御所に火を放ち退去、持氏側からの離反が明らかとなった。この間、持氏は九月末に相模海老名に陣を移すが劣勢のまま、十一月二日に鎌倉へ戻り敗北が決した。

そこで持氏は憲実の家宰長尾忠政にともなわれ、葛原岡から浄智寺に入りさらに永安寺に。ついで十二月四日、金沢称名寺で出家（法名道継）。その後十一日再び永安寺に入った。この間、憲実は公方父子の助命を願い出たが許されず（『看聞御記』永享十年十二月八日条）、翌年の二月十日、義教の命で上杉持朝・千葉胤直《たねなお》にこの永安寺を攻めさせた（以上の経過については『鎌倉大草紙』『永享記』に詳しい。併せて『鎌倉市史』『神奈川県史』も参照のこと）。

身柄を永安寺に移された持氏は、ここで最期の抵抗を試みた。その滅亡の様子を『上杉憲実記』（『続群書類従』）は以下のようにふれる。

永享十一年二月十日卯ノ刻ニ、永安寺《ようあんじ》ニ入御自害アリ、義久《よしひさ》モ報国寺《ほうこくじ》ニテ自害シ給ヘバ、御供ノ侍三十余人一所ニテ自害シ畢《おわん》ヌ、折節《おりふし》吹風烈《はげしく》シテ、鎌倉中ノ堂舎仏閣、谷七郷在家《ざいけ》マデ、一宇《いちう》モ残サズ灰燼《かいじん》トナル、中ニモ哀成《あわれなり》シハ、永安寺三重ノ塔ニ、御台所《みだいどころ》ヲハジメ数十人ノ女房達、形ヲ隠シ御坐《おわし》シヲ、其トハ知ラズ、下ヨリ火ヲツケ、焼殺ケルコソ悲シケレ、春王《はるおう》殿、安《やす》王《おう》殿ハ、乳ノ女房甲斐々々シクテ、下野国日光山ヘ落シ、衆徒ヲ頼ミ深ク隠シ奉ル

ここには義久が入った報国寺についてもふれられている。報国寺は尊氏の祖父家時の建立と伝えられる（ただし、宅間上杉の流祖重兼による建武二年建立との説もある。この点『鎌倉市史』社寺編参照）。

宅間谷所在のこの寺は、滑川・六浦道をはさみ浄妙寺と対する。功臣山《こうしんさん》と号し「竹の寺」の別称を有し、現在目にするのは再建後のものだ。屋根に「丸に二引両《にひきりょう》」の足利氏の家紋が意匠され、臨済寺院らしい名庭がある。裏山やぐらには足利一門の石塔が望見できる。谷を隔てて瑞泉寺・永安寺も近く、報国寺入りしたこの義久への攻撃も、永安寺とほぼ同時期になされたと思われる。

ちなみに『結城合戦絵詞』の著名な合戦部分はこの永安寺での持氏最期の場面とされている。持氏室（持氏室は簗田河内守満助の娘とされる〈『古河公方系図』〉、春王・安王の母）も三重塔にこもって最期を遂げたとある。持氏の供養塔は瑞泉寺に残されており、また伝承によれば大町にある別願寺（時宗、政子の供養塔で知られる安養《あんよう》院に隣接）にある高さ三メートル余の宝塔は持氏の供養塔（石造

宝塔・鎌倉市指定文化財）とされるが、定かではない。この別願寺は基氏・氏満・満兼の歴代の菩提所として寺領の寄進がなされており、そうした関係から持氏の供養塔伝承が残されたようだ。『鎌倉攬勝考』（「行願寺」の項）にもこの持氏塔については「真偽ハ定カナラズ」との指摘がある。

＊ 氏満に関しては本文でふれたが、以下でさらに付言しておく。少し時代はくだるが、伊豆の堀《ほり》越《ごえ》公方足利政知《まさとも》（八代将軍義政の弟）は当初、「氏満」と称したことがあった（『今川記』）。政知にとっても二代鎌倉公方氏満は関東を平定した輝しい記憶と同居する人物だったようだ。政知の改名も、その「氏満」にあやかることで劣勢の公方権力の回復を意図したとされる（この点、家永遵嗣「今川氏親の名乗りと足利政知」〈『戦国史研究』五九号、二〇一〇年〉）。氏満の存在は堀越公方政知の改名の一件が示すように、後の時代にも影響を与えた。その限りでは「氏満」は、輝しい公方という記憶に変容されていったことになる。故実化云々はあるべき制度・先例にほかならないが、他方ではそれは文物・制度・儀式等々を超えて、始祖なり中興の祖なりの人物にも該当する。

鎌倉府の権力確立に寄与した氏満は、二代鎌倉公方として関東平定の実績を残した。希求されるべき方向への期待値が高ければ、当然そこに向けての〝足場〟となり得る人物が氏満だった。持氏もそうであったし、政知も同様だった。

この問題はかつて頼朝の奥州合戦のおり、その故実を前九年合戦の頼義《よりよし》なり義家《よしいえ》に求め、〝源氏神話〟への組込みを果たそうとした話と通ずるようだ（この点、川合康『源平合戦の虚像を剝ぐ』講談社、一九九六年)。話が枝葉に入ったが、窮地に立たされた持氏にとって、父祖の縁が宿された寺に入ることで、滅亡・転生・再生いずれにしろ、最期の公方として似つかわしい場を選択することとなった。

** 思惑の云々を以下、推測を交じえつつ敷延しておく。持氏は憲実の仲介に期待をかけたと思われる。永安寺での持氏の思惑としては、本文に語ったように恭順・謹慎そして出家、さらに嫡子義久の後継実現との流れである。京都側からの武力制圧は想定の外だった可能性も高い。

他方、義教にとって、先代来の鎌倉との確執は直義以来の〝血脈〟として「兄弟的対抗」の果てであり、その点では京都の武家(幕府)による、鎌倉府の完全制圧こそが望まれた。それゆえに反乱者への処断という強い意志が働いた。それは幕府首脳部の思惑を超えて義教個人の資質に根ざした決定だとしても、武力攻撃へとすすむ方向からは逃れることは難しかった。他方、持氏に残された途は抗戦の結果での自害という〝負けない敗れ方〟の選択だったのかもしれない。

*** 嘉吉《かきつ》の変(一四四一年)での義教敗死後は将軍義政による弟政知の京都からの下向(堀越公方)へとすすむが、しかしそれは享徳の乱(一四五四年)以降の古河公方との対抗を生み、混沌を深めることになる。このあたりは本書の対象の外であり、多くの解説書があるので、参照されたい(例えば小国浩寿『鎌倉府体制と東国』〈吉川弘文館、二〇〇一年〉や、佐藤博信『中世東国 足利・北条氏の研究』〈岩田書院、二〇〇六年〉などがある)。

ただし、義政による政知の関東下向は、義教段階からの方針を前提としていた可能性もある。持氏滅亡後に義教は、親幕派の憲実を関東管領として留任、場合によっては臨時に篠川御所満直を公方として暫定的に配し、その後、義教の子息が長ずるに及び鎌倉に下向させるとの構想もなされていた。ただし、これは憲実の留任が前提となるが、憲実の辞意が固いためこの流れには至らなかった。義教横死後、義政は京都主導の人事として、関東への公方下向を実現したと考えられる。

＊＊＊＊　三浦氏の去就について曲折があった。鎌倉期の宝治合戦（一二四七年）で嫡流は佐原系の盛時《もりとき》へと移ったが、元弘・建武の乱で盛時の玄孫高継《たかつぐ》の時代に尊氏に参陣し、その子高通《たかみち》は相模守護を安堵された。高通は観応の擾乱では上杉氏とともに反尊氏の行動をとった。その後、鎌倉府体制下で、高連《たかつら》・高明《たかあき》と相模守護を継承した。しかし持氏の時代に、守護職を没収されており、それも時高の離反の背景にあった。時高は永享の乱で武名を高め三浦半島の新井城を拠点に勢力を拡大、義同《よしあつ》（法名道寸、扇谷上杉持朝の孫、母大森氏頼《おおもりうじより》の娘）を養子とした。時高は晩年に実子高教《たかのり》が誕生したために、養子義同と高教との間で対立が生じた（拙著『その後の東国武士団』、前掲も併せ参照）。

22　永安寺が残すもの（其の二）―上杉憲実のその後―

「永享」の年号は関東管領上杉憲実にとっても忘れ難いものとなった。「等持院殿（尊氏）ノ御遺命」として「京都ノ御カタメタル」役割を与えられていた鎌倉府は機能麻痺に陥った。公方・管領の内部分裂は京都幕府の介入を招くこととなった。憲実はこのことへの責めを背負うことになる。原因はさまざまにせよ、公方家滅亡に対しての呵責である。自己の職責をまっとうできなかった憲実の想いは、永安寺の廃墟とともにあったに違いない。彼は持氏敗北の四カ月後の永享十一年六月、この地で自害を試みている（『永享記』）。

関東管領上杉氏に期待されたものは、①鎌倉殿（公方）の補佐という鎌倉府との内なる関係。そして②京都将軍（幕府）との連携という外なる関係だ。幕府との連絡・調整を通じ、他方で鎌倉殿を補佐しつつ監視するという役割だ。鎌倉府体制一〇〇年の歴史でいえば、南北朝動乱期にあっては、上杉氏は①を自己の存立基盤としていた。幕府もまた、東国社会安定のため①への過干渉は極力おさえる方向だった。それが両府相剋を前提とした段階の相互の関係だった。だが、内乱が終了した義満以降、両者の対抗が強まると、②の方向から上杉氏への期待が高まった。

時勢の推移のなかで室町殿（将軍）・鎌倉殿（公方）両者が上杉氏に期待したものが異なる方向にすすむ。この補佐と監視は究極では矛盾する。矛盾をはらみつつも基氏・氏満そして満兼を補佐した山内・犬懸両上杉段階は、それが露呈せずに両府相剋のなかで時代を漕ぎ抜いた。持氏の時代、「応永」の禅秀の乱にあっては①の場面での両者の対立・抗争だった。煎じ詰めれば、それは鎌倉府の〝内なる闘争〟ということができる。最終的に幕府の介入はあったとしても、である。

だが、「永享」のそれは様相を異にした。〝内なる闘争〟を超えた広がりを有した。幕府の介入という仕懸けられた側面があったからだ。義満路線を継承した義教の関東への眼差しは、上杉が担わされた二つの方向のうち②への傾きを強めたことになる。そうしたなかで、公方持氏と管領憲実の内訌を利用した将軍による〝鎌倉公方潰し〟の方向が顕在化する。合戦の主体を演じたのは、東国武士団だった。関東外の幕府与党の武力（例えば駿河今川氏、信濃小笠原氏あるいは奥州伊達氏等々）が動員されたにしろ、幕府は関東管領の憲実を主軸に追討軍を構成、持氏を攻略させた。東国武士たち相互の自浄作用の演出である（例えば永安寺への攻撃は千葉氏に令達された）。

持氏の死は、四代の鎌倉公方の消滅を意味したわけではなかった。嫡子義久の滅亡も併せ、それは基氏以来続いた血脈の終焉を意味した。すでに指摘したように京都側の企図には、将軍家の血脈に直結する関東（鎌倉）公方家の創出があった。統合に向けての方策である。

〝穏便〟なる措置への憲実の期待は実現されなかった。持氏滅亡後、憲実は弟の清方を越後から呼び自身の名代としてその後継に要請、職を辞した。憲実の苦悩はその後の伊豆国清寺*への隠遁・出家、西国行脚、子息たちの管領不就任の厳命という一連の行動から推測できる。憲実にとって永安寺炎上にともなう持氏滅亡の記憶は〝主殺し〟としての宿命を背負わされることになる**。

憲実の関東管領就任の経過に関しては既述した通り、禅秀の乱後の憲基の離任にともなう人事によった。越後上杉氏から憲基の養子としてむかえられた。憲実はその限りでは他者であった。他者であることが憲実をして、関東管領への職責を強く意識させた。

持氏滅亡という「永享」の乱の余震はその後もつづいた。およそ一年後、北関東へと伝播した。翌永享十二年（一四四〇）正月から二月にかけて一色・舞木諸氏らの持氏与党の蜂起が伝えられ、三月にはそれに呼応するように持氏の遺子安王丸・春王丸らを擁しての常陸方面での挙兵が伝えられた。彼らはやがて隣国下総の結城氏朝《うじとも》にむかえられ結城城へと入り、幕府勢と対決の姿勢を示した（結城合戦）。永享の乱の余波は持氏の遺子たちを擁した結城氏をはじめとする反幕勢力結集へと作用した。

籠城戦でのその経過を含め、結城合戦の詳細はほかに譲る。結城合戦の勃発で上杉憲実の不本意ながらの俗界復帰がなされた。翌年四月、結城城は陥落し、当時十二、三歳の両人は捕縛され美濃の垂井《たるい》の金輪寺《こんりんじ》で生害された。「永享」が「嘉吉」へと改元された（一四四一年二月、改元）直後の五月のことだった。そのおり、幼少の末弟万寿王《まんじゅおう》（六歳）のみは助命され、土岐持益《ときもちます》に預けられた***という（『鎌倉大草紙』）。

嘉吉元年（一四四一）六月、義教横死の政変があった。いずれにしても「永享」の記憶は鎌倉にとっても、あるいは京都にとっても東西両府の相剋の極点に位置した。公方家の持氏そして嫡子の義久が、さらに結城入りした安王丸・春王丸ら子息たちが、相つぎ滅亡した。永享の乱から結城合戦に至る時期は、鎌倉を含む関東がまずは揺れた。そして、それが京都に波及した。「嘉吉の変」と呼称された将軍義教の暗殺も、間接的ながらその「永享」の連鎖のなかでの出来事だった。

＊　憲実がおもむいた伊豆国清寺に関しては、かつて憲実の祖憲顕が父のために応安元年（一三六八）に建立した「上杉代々ノ氏寺」だった。憲顕の父憲房（尊氏の妻清子の兄）は、建武三年（一三三六）正月の京都四条河原での合戦で危機に瀕した尊氏・直義兄弟を身にかえて救援・戦死した人物で、「合戦ノ初ヨリ将軍ノ一門近臣数多有トイヘドモ、マサシク御命ニ替リケルハ此

人初メナルベシ」(『鎌倉大草紙』)との指摘がある。その国清寺への憲実の隠退は、ここが一族の「氏寺」たる所縁によった。

憲実の伊豆国清寺へのひきこもりは、公方持氏を死に追いやったことへの自責の行為としてここが選ばれた。憲実はその後、自身の政界からの引退を幕府に要望、幕府側の慰留を拒み弟の道悦とともに西国行脚におもむき、長門国深川の大寧寺で没する(五十七歳)。

** 『鎌倉大草紙』にはこの永享の乱での憲実の件に言及して、「昔ヨリ主人ニムカヒテ敵ヲナス人、二十余年ノ内子々孫々マデ亡ビザルトイフ事ナシ」と語り、そこには平清盛以下、源義仲《よしなか》さらに北条時政・義時に至るまでの叛心の系譜をあげる。憲実の行動には終生贖罪感が付いて回ったようだ。その点では憲実の再建にかかる足利学校も、贖罪感が看取できる。『鎌倉大草紙』も指摘するように、「足利ハ京都ナラビニ鎌倉御名字ノ地ニテタニコトナリ」との解釈を伝えているからだ。

ちなみに憲実の評価に関しては諸種の議論がある。明治・大正期の中世史家のなかでも、憲実の持氏反逆に関して、主従的倫理感を前提にしての評も少なくなかった。例えば田中義成『足利時代史』(明治書院、一九二三年)、渡辺世祐『関東中心足利時代之研究』(雄山閣、一九二六年)など厳しい批評もある(これらの詳細については『神奈川県史』通史編を参照)。

*** 『建内記《けんないき》』にはこの幼少の万寿王の誅殺に関して、幕府の指示を仰いだおりに、義教暗殺(嘉吉の変)が勃発、これがために京都の土岐氏にその身柄を預けられたという。『鎌倉大草紙』にも「永寿王殿(万寿王)六才ニテ、イマダ東西不覚ノ体ナレバ、一命ヲ助ケ、美濃ノ守護土岐左京大夫(持益)ニアヅケラル。……偏ヘニ神明ノ御加護ナリ……」と記している。

鎌倉にあっては、「永安寺」から続く段階的な負の連鎖は、結城合戦でとりあえず終止符が打たれることになる。この「永享」の記憶から十年、鎌倉公方は再生することになる。公方家のみならず、関東管領家にあっても同様に、憲実の血脈が再起用された。

だが、いずれもが「永安寺」の記憶から自由になり得なかった。怨念の連鎖は両者に継承されることになった。

「享徳」を歩く

23 江島合戦―「享徳の乱」の予兆―

「永享」からおよそ十年、鎌倉は公方不在の時期が続いた。宝徳《ほうとく》元年（一四四九）九月、万寿王（成氏）が上杉房定《ふささだ》の要請で公方として鎌倉入りした。この間、年号は嘉吉そして文安《ぶんあん》・宝徳と続いた。成氏の公方就任の件に関しては、上杉氏以下の関東諸将の尽力・要望の結果だったという。＊成氏の名は京都将軍義政（初名義成《よししげ》）の一字を与えられた。他方、世事から身をひいた憲実にかわり、伊豆から末子龍王丸《りゅうおうまる》（憲忠《のりただ》）が幼少ながら管領に任ぜられた（憲忠の就任の経緯については『神奈川県史』を参照）。

宝徳二年（一四五〇）四月末、円覚寺黄梅院《おうばいいん》において夢窓国師百年忌法要が営まれた。そのさい、成氏のもとに結城重朝《しげとも》（成朝）・里見《さとみ》義実《よしざね》も参向した。かつての持氏与党の縁者たちであり、反上杉勢力の呼び込みがなされることとなった。そうした危険な流れを含む再生の新鎌倉府の人事状況について、『鎌倉大草紙』は「オリニフレ、笑中ニ刃ヲトグ心持シテアヤウキ事ドモオホカリケリ」と指摘する。新公方成氏を戴く旧持氏派の勢力は、永享の乱以降の空白の十年を取り戻すための算段が求められていた。持氏滅亡で勢力を増大させたのは、上杉配下の長尾・太田の家宰勢力だった。山内・扇谷の両上杉家臣団を代表する彼らの存在は、新公方の成氏にとって自己の存立を確保し、諸種の政策遂行のための足枷となった。仕掛けるか、仕掛けられるか。成氏にとっても、また管領憲忠を擁する長尾・太田にとっても事情は同じだった。「笑中ニ刃ヲトグ心持」とは、そのような鎌倉府内の空気を代弁するものだった。

その状況下で勃発したのが江島合戦だった。宝徳二年四月、公方成氏勢と上杉配下の長尾景仲《かげなか》・太《おお》田《た》資清《すけきよ》両勢力との戦いである。** 数年後に勃発する享徳の乱はこの江島合戦が導火線だった。長尾・太田両氏の上杉勢は幼少の管領憲忠の身柄保全のために公方御所を攻略、成氏は防戦を余儀なくされ江島へと難を避けた。こう説明するのは『鎌倉大草紙』だが、これとは別の理解もある。つまりは上杉勢側から仕掛けられた結果での江島逃亡ではなく、むしろ長尾・太田の上杉勢襲撃の危機から脱するために、自らが積極的に江島に拠点を移す（「江島動座」）ことで、成氏の公方としての存在感を示そうとしたとの解釈だ。江島動座は成氏の示威行動との見方である。

西御門方面のかつての公方御所は、上杉の影響も強く過去の因縁が深かった。それゆえに成氏にとって新機軸を展開させる場が求められた。江島は地勢的に鎌倉の内と外の境界に位置し、軍事・情報を作動させる場として適合的だったのかもしれない。

成氏の江島動座をめぐっては、長尾・太田の攻略が先行したのか否か、解釈が分かれるところだが、いずれにせよ何故に江島だったのかを考えるさいには、地勢的な点とともに江島という場が宿す記憶にも着目する必要がある。その前に、この江島周辺を舞台になされた合戦の推移について見ておこう。

江島にあった成氏を守護すべく配下の北関東武士団が前浜で戦闘をなした。千葉・小田・宇都宮

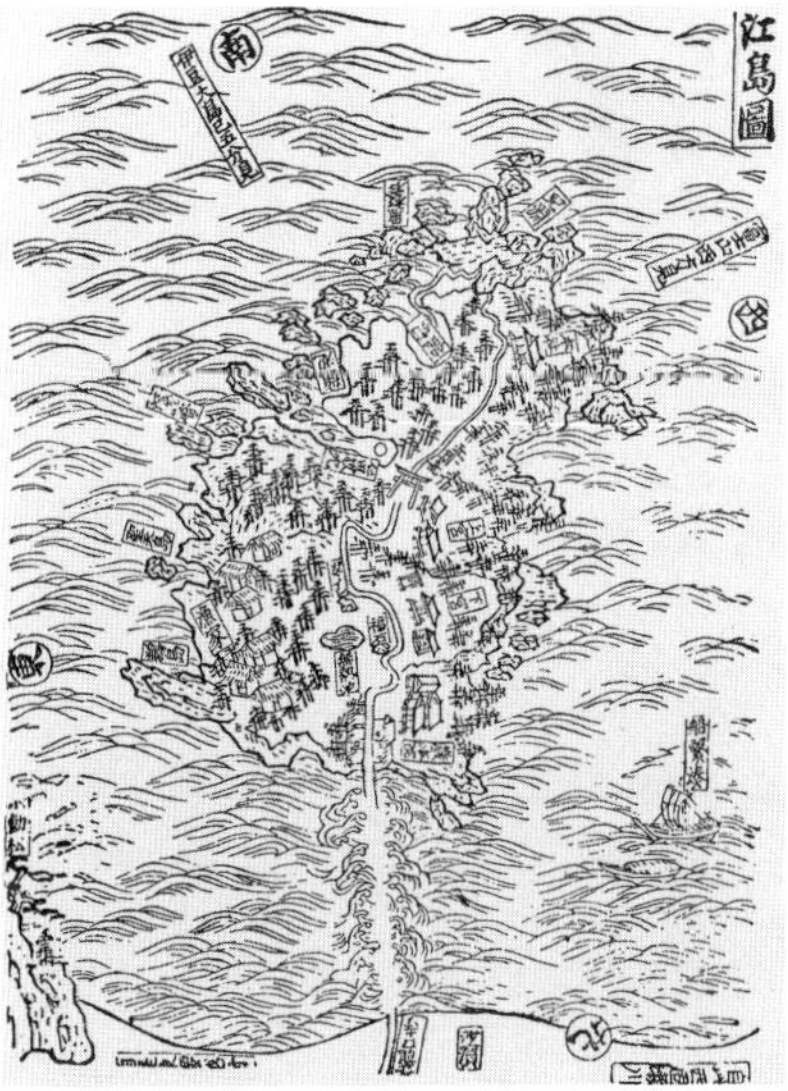

江島（『新編鎌倉志』国立国会図書館蔵）

の四百余騎が上杉勢と戦闘をくり広げたという。成氏はその後、宝徳二年（一四五〇）八月に鎌倉桐谷（材木座方面）に移座した（『喜連川判鑑』）。けれども成氏の、憲忠とその与同勢力への不信はつづくことになる。憲忠は合戦の難を避けるため鎌倉を退去し、相模の七沢城（現、厚木市）に身を潜伏させた。

江島は、かつて持氏の禅秀の乱での逃亡ルートだった。ここから小田原さらに箱根・伊豆・駿河方面へと逃れた。成氏の場合はいささか事情を異にした。江島を軍略的な拠点とする考えがあったのではないか。鎌倉西方の出入口に位置した江島は、北に向かっては鎌倉上道へのルートに。西に行けば、小田原そして箱根ルートに。そして南方は房総に向かう海のルートだ。特に房総渡海は重要だ。成氏与党の腹臣たちには安房の里見、あるいは下総の千葉がおり、これとの支援・連携が想定されるからだ。追撃の長尾・太田勢を阻止すべく前浜で防戦した小山勢も含め、その多くが北関東武士団であったことを想起すれば、享徳の乱にさいし、成氏がその拠点を下総の古河に据えたのも理由のないことではなかった。

いずれにしても江島は陸路・海路の分岐点だった。かつて信仰の場でもあった江島は、後世は物見遊山の名所と知られる。江島は、戦略的にも鎌倉を扼する重要な場だった。

江島合戦にちなみ、次にこの地の来歴について付言しておこう。

鎌倉をおとずれた禅僧万里集九《ばんりしゅうく》の『梅花無尽蔵《ばいかむじんぞう》』（室町後期成立の漢詩集、『続群書類従』所収）にはこの江島の社について「日本三処ノ弁財天ノ一ツ也」と記す。厳島《いつくしま》（安芸）・竹生島《ちくぶしま》（近江）と並び称された信仰の場であった。島の奥に海蝕洞窟の「お岩屋」（天照大神と須佐之男命）と三宮（奥《おく》津《つ》宮＝多紀理毘売命《たきりひめのみこと》、上ノ宮＝中津宮＝市杵島比売命《いちきしまひめのみこと》、下ノ宮＝辺津宮＝田寸津比売命《たきつひめのみこと》）を祀る。祭神からもわかるように、海上交通の神とされた。近代の神仏分離以前は岩本院（仁和寺末寺、真言宗）が一山の総別当とされた。金亀山与願《よがん》寺とも号された岩本院（坊）には神仏の縁起を記す『江島縁起』が現存する。

『新編鎌倉志』さらには『鎌倉攬勝考』にもこの江島に関して、多くの諸史料を引用して島の史跡群に筆がついやされている。『鎌倉攬勝考』は江島合戦について、『鎌倉大草紙』を引用しつつ「江ノ島ノ御宿陣五カ月ニ及ベリ、何レノ坊ニ宿営セラレシヤ、其ノ伝エヲ失ヒケリ」と記している。たしかに江島合戦での成氏の在陣は、宝徳二年八月までつづいた。ちなみに昨今の研究では前述の岩本院の下ノ坊が成氏在陣の拠点と解されている（この点、伊藤一美「江ノ島合戦と公方足利成氏の動座」〈『鎌倉』一二〇〉参照）。このことは、江島在陣のおりの五月、京都幕府の管領畠山持国に事の次第をあてた成氏書状からも推測される。合戦の経過を含め、その書状には成氏の思惑と構想が諸種語られている。その書状の要点は次の通り。

本書状は後段に六カ条にわたる京都への要望が認められている。前段はこの江島合戦に至る状況説明が詳細に語られている。

そこには、①「関東執務之事」として、憲忠が若年のために長尾左衛門入道（景仲）・太田備中入道（資清）両人が「種々ノ造意」の張本であること。②そこで身の危険を察知し江島に移座したこと。四月二十一日、長尾・太田が多勢を率い来襲、腰越で合戦に及んだこと。前浜で千葉・小田・宇都宮勢以下の参陣を得て、長尾・太田以下の「凶徒」たちを打破し、相州糟屋へと退却させたこと。③憲実の舎弟道悦（重方）も駿河から和平の調停のため下向、上杉父子を「優免」したこと。しかし憲忠は、七沢山に「要害」を構え参上しないこと。④長尾・太田以下の凶徒たちには「誅罰」を加え「成敗」されるべきであること。

趣旨は右の四点となろうか。眼目は合戦の首謀者長尾・太田らの両家宰たちへの批難であるが、他方で、憲実・憲忠父子の不処分という意思も示されていた。

次に後段の京都への要望六カ条である。①憲忠とその被官人たちの帰陣について。②「安房入道（憲実）」の政務復帰再要請に関しての幕府からの依頼。③「戦功ノ輩」に対する幕府からの勲功要請。④関東諸将および武州・上州の「一揆」勢への御教書の要請。⑤勝長寿院門主（成潤）、若宮社務雪下殿（定尊）の帰国の件、ということになる。末尾は当然とはいえ⑥京都への「私曲」無きことと、「無二忠節」を誓して結ばれている。

①②は上杉父子に関してのもの。③④は江島合戦での武功についてのものである。とりわけ④の武州・上州の一揆勢の忠節への配慮も興味深い。当該地勢は上杉の基盤であり、幕府を通じ成氏自身への武蔵北部武士団との連係も考えられていた。⑤は勝長寿院・鶴岡の人事の確認である。

以上当該文書には江島在陣中の成氏の対幕府への意思が確認できる。総じて憲実父子を不問に付し、併せて重鎮憲実の復帰要請が随所に確認される。ここには合戦の武功も含め京都幕府への忖度が強く働いているようだ。とはいえ、当該書状の眼目は、江島合戦に繋がった長尾・太田両勢力の排除にあった点は動かない。

　成氏が指摘するように憲忠の「微若さ」が配下の両勢力を増長させたこと、それを掣肘《せいちゅう》するためにこそ重鎮憲実の復帰が求められた。江島合戦の根は深かった。上杉をいただく長尾・太田両家宰勢力は、「永享」以降約十年の公方不在期間を通じて、自身も含め関東管領勢力図の拡大に尽力してきた。そして、その後の成氏の登場で、鎌倉は再び公方派と管領派それぞれを担ぐ勢力で揺れることとなった。江島合戦で両者のミゾは一段と深まった。新公方成氏の鎌倉との決別の助走は、かくして始まった。

＊「越後ノ守護人上杉相模守房定、関東ノ諸士ト評議シテ九ヶ年ガ間、毎年上洛シテ訴状ヲ捧ゲ基氏ノ玄孫永寿王丸ヲ以テ、関東ノ主君トシテ、……頻ニ吹挙申シケルガ、宝徳元年正月御沙汰アリテ土岐左京大夫持益ニアツケラレシ永寿王殿ヲユルシ、亡父持氏ノ跡ヲタマハリ……」(『鎌倉大草紙』)と見えている。成氏は当時十三歳で関東に下向した。そのおり、京都将軍義政から太刀・馬を贈られ鎌倉へと下向したとある。上杉房定(憲実の弟清方の子)が越後・上野の国境に成氏を出迎え、顕定(憲実の孫)が上野国府(厩橋《まやばし》＝前橋)まで参じ、「鎌倉還御《かんぎょ》」に向けての支度をなし、八月末に上州白井を出発、九月に鎌倉入りを果たした、とある。『鎌倉大草紙』によれば、憲実は永寿王(成氏)との鎌倉での対面について、「定メテ、恨メシク思召」との判断から面会は避けたという。

ただし右の『鎌倉大草紙』の内容について、成氏の京都・上州経由での鎌倉入りには疑義も出されている（『神奈川県史』）。

＊＊ 山内・扇谷両上杉の家宰の長尾景仲・太田資清の両人は「東国不双ノ案者」（『鎌倉大草紙』）と評され、江島合戦の「張本」とされた。以下この両氏に関して最小限のコメントを付しておく。長尾氏の本貫《ほんがん》は相模鎌倉郡長尾（現、横浜市戸塚区）で、鎌倉期には三浦氏の被官だったが、宝治合戦での三浦氏滅亡後、家督継承の長尾景忠以降に家系が分流（越後・鎌倉・上野）する。このうち上野長尾氏は白井（現、群馬県渋川市）と総社（現、前橋市）の二つを拠点とした。

江島合戦の張本、景仲は白井長尾氏に属した。景行《かげゆき》―清景《きよかげ》―景守《かげもり》―景仲―景信《かげのぶ》―景春《かげはる》と、上野守護代として勢力を有した。景仲はこの流れに属す。

また、扇谷上杉氏の家宰太田資清の太田氏の本貫は、丹波太田郷で同じく上杉氏とともに、鎌倉に来往。南北朝期をへて扇谷上杉氏の家宰として台頭する。この資清の子が太田資長（道灌）だった。太田氏の主家扇谷上杉氏の鎌倉での居所は、現在、英勝寺や寿福寺と横須賀線をはさむ向かい側で扇谷上杉氏の屋敷跡の碑が見える。

＊＊＊『江島縁起』には、欽明天皇の時代に大地振動で海上に孤島が湧出、天女降臨や悪龍伝承が語られている。当縁起は江島所在の岩本院（坊）所蔵のものが著名である。成立年代は平安末期〜室町期と幅がある。信仰内容の描写その他の分析から鎌倉末期が有力視されている（この点については呉文炳『鎌倉考』理想社、一九五九年も併せ参照）。

史実云々とは別に龍神伝承は記憶として共有され、江島信仰の広がりに彩りを添えている。同縁起を一笑に付すことは容易だとしても、記憶化された江島龍神伝承は形を変えながら流布し、さまざまな説話の構想の素材となったことは留意されねばならない。『平家物語』や『保暦間記《ほうりゃくかんき》』等々の安徳入水にともなう龍神伝説、あるいは『太平記』が語る北条時政の江島参詣の三鱗説話、新田義貞奉刀説話、さらには日蓮の龍口寺の助命譚等々、数多く残されている。記録と記憶は相互に多層的に重なりながら過去を再生させる。人々が共有する土地の伝承には虚実重なるように観念化された世界が見える。このことをふまえながら、縁起云々を離れて、担保された記録が語る史実に則して指摘すれば、やはり『吾妻鏡』からの記事は足場となる。寿永《じゅえい》元年（一一八二）四月五日、頼朝の本願として、文覚上人に弁財天を勧請させた著名な記事だ。「文覚上人、武衛ノ御願ヲ祈ランガ為、大弁才天ヲコノ島ニ勧請シ奉リ、供養ノ法ヲ始メ行フノ間……密議ナリ、コノ事鎮守府将軍藤原秀衡ヲ調伏センガ為ナリト云々」と見えている。当該の『吾妻鏡』の記事が寿永元年か否かで疑問も呈されているが、江島弁財天の由来に関しては、正史・実録類からの証言としては妥当といえそうだ。頼朝の時代、江島は海に隔てられていたが、建保四年（一二一六）正月十五日条には、大海隆起し、船の煩がなくなったことが見えており、江島の今日的風貌となったことが知られる。

24 「享徳の乱」、鎌倉灰燼—西御門の惨劇、終わりの始まり—

江島合戦が代理戦争の様相を呈したことはすでにふれた。主家の上杉を擁した長尾・太田勢も、公方派与党の北関東勢もそれぞれの疑心が暗鬼をもたらすこととなった。江島合戦の顚末は成氏の京都への書状で手打ちとされた。けれども、相互の不信は解消されなかった。「宝徳」から「享徳《きょうとく》」へと年号が変わって三年後、享徳三年（一四五四）十二月に事件は勃発した。場所は鎌倉の中枢西御門の公方館だった。江島合戦の延長ともいうべき出来事だった。成氏による憲忠（二十二歳）の誅殺である。

江島合戦以来くすぶりつづけていた公方・管領双方の対抗が、今度は成氏の憲忠討伐へと動いた。永享の乱にさかのぼる憎しみの連鎖もあった。封印されるべき「永享」の記憶は、江島の一件で成氏のなかで点滅する。江島合戦での長尾配下の人々に対する、成氏の所領没収の不満もあった。

憲忠を介し長尾与党の本領返還要請が出されるが、成氏は許容せず緊張がつづいていた。

かかる状況下で成氏側は「憲忠ヲ退治シテ関東ヲシツムベシ」との進言を受けいれ、憲忠を誅殺するに至る。享徳三年十二月二十七日の夜のことだ。『鎌倉大草紙』には成氏側が憲忠の屋敷を急襲したとあるが、他方で成氏の西御門館に憲忠を召し寄せ殺したともある（『康富記《やすとみき》*』）。西御門での戦いが誘殺か奇襲か判断に迷うところだが、いずれにせよ成氏のこの行動が享徳の乱の始まりとなった。

憲忠排斥の一線を越えることで鎌倉的秩序は御破算となった。その行為は上杉勢力のみならず、京都幕府との対立に繋がった。他方で、この成氏の行動はある意味では父持氏の遺志の継承でもあったし、それ以上に父祖以来保持した東国の自立志向という〝通奏低音〟にも重なった。

享徳の乱の始まりを告げる西御門の地は、かつての頼朝時代の柳営（御所）の西方の御門に由来

「享徳の乱」関係年表

宝徳 2 (1450)		
	4 月	足利成氏，江島に布陣（江島合戦）
	5 月	成氏の京都への報告
	8 月	成氏，帰鎌
	9 月	成氏，東国に代替わりの徳政
	10月	上杉憲忠，相模七沢から帰鎌
宝徳 3 (1451)		
	2 月	成氏，従四位下・左兵衛督
享徳元(1452)		
	11月	管領は畠山持国から細川勝元へ交替
享徳 3 (1454)		
	12月	成氏，憲忠を殺害
享徳 4 (1455)		
	1 月	長尾景仲，憲忠の弟房顕をむかえる（山内上杉氏）。顕房（扇谷上杉氏），分倍河原で成氏と合戦，上杉勢敗走
	3 月	幕府，房顕に助力し，成氏討伐を決定。成氏，古河に向かう
	4 月	幕府，駿河守護今川範忠に成氏討伐を令達
	5 月	成氏，小栗城攻略
	6 月	範忠の鎌倉入り，鎌倉府滅亡。下野，天命・只木山合戦
	7 月	康正に改元。ただし，成氏は享徳を使用（享徳 6 年まで）

した。現在その道筋に「西御門ノ旧蹟」の碑が確認される。『鎌倉攬勝考』などの御家人旧跡一覧では畠山重忠や三浦義村の館が点在していたとされ、鎌倉時代のみならず当該期にあっても鎌倉の政治的中枢に位置した。この西御門、さらにその周辺の地域は浄妙寺・大休寺・延福寺・瑞泉寺・永安寺・保寿院以下の「公方様御寺」（『鎌倉年中行事』）が集中する場でもあった。

劣勢のなか防戦もむなしく敗死した憲忠の首級は、結城重朝の家人たちにより成氏の御所に持参されたという。

その後、山内の管領勢力を追捕した成氏勢は相模嶋河原（伊勢原の東南）で、上杉持朝《もちとも》（扇谷上杉氏）、長尾・太田勢以下千余騎を敗走させた。上杉側は態勢回復のため憲忠の弟房顕を立てて、越後・信濃・武蔵・上野および関八州内の上杉与党の軍兵を催し、京都側に「御旗」の下賜を要請、「成氏退治」へと動いた。

構図としてはかつての永享の乱の再来だった。他方の成氏側も「拠リドコロナキノ退治」の旨を伝え、「不儀」なきことを幕府に伝えた。「成氏ガ私ノ宿意ヲ以テ憲忠ヲ討チ、殊ニ上意ヲ得ズシテ関東ノ大乱ヲ起スノ条、不儀ノイタリ」（『鎌倉大草紙』）との幕府側の判断から成氏の討伐が決せられた。戦闘は鎌倉から関東全域に広がった。

成氏勢は上杉の領国上州を攻略すべく武蔵府中の高安寺に在陣、享徳四年（一四五五）正月上州から南下した上杉勢二千と武蔵分倍河原・高幡（現、東京都日野市から府中市）を舞台に戦闘が展開された。この戦いで上杉勢は憲顕（犬懸上杉氏、禅秀の子息。禅秀の乱では京都に難を避けていた。高幡で戦死）、顕房《あきふさ》（扇谷上杉氏、持朝の子息。自害）両人が敗北することになる。

その後、敗走の上杉勢は常陸の小栗城にこもるが、ここも成氏に同十四日に攻略される。劣勢の上杉勢に成氏追討の御教書が与えられ、越後・信濃・武蔵・上野の幕府与党が天命《てんみょう》（現、佐野市）・只木山に布陣、成氏軍と対峙した。

この山道軍の動きに対し、海道軍の中核駿河の今川範忠《のりただ》は六月十六日鎌倉入りを果たした（『鎌倉大草紙』）。成氏は幕府勢に対し木戸以下の軍勢を配し迎撃するが、劣勢のうちに鎌倉放棄が決せられている（ただし、成氏がこの時期下野方面に在陣中で、鎌倉にいたか否かは不明）。『鎌倉大草紙』には、鎌倉灰燼の様々を次のように伝える。

六月十六日、鎌倉へ乱入、御所ヲ初トシテ、谷七郷ノ神社・仏閣追捕シテ、悉ク焼払ヒ……尊氏卿ヨリ成氏ノ御代ニ至テ、六代ノ相続ノ財宝、コノ時皆焼亡シテ、永代鎌倉亡所トナリ、田畠アレハテケル

享徳の乱はかくして「永代鎌倉亡所」という事態をもたらすこととなった。「関東大乱」とも称された三十年にわたる戦争は鎌倉の滅亡で終わらなかった。関東における戦国時代の幕あけを告げるものとなったからだ。成氏の抵抗は北関東の古河に自己の拠点を築き、利根川をはさみ上杉勢と対峙することとなる。「享徳」の年号は、応仁《おうにん》の乱に先立つこと、十有余年以前のことだが、「応

仁」が京都を軸とした幕府秩序の崩壊を伝えるとすれば、「享徳」のそれは東国における鎌倉的秩序の解体を語るものだった。十五世紀半ばに始まる中世日本の変革のなかで、武家の統合の拠点となった鎌倉は、〝特別区〟としての求心力を失うこととなった。「享徳」以後、鎌倉は、終焉をむかえることとなった。

鎌倉が宿した記憶の様々を年号と史跡に象徴化させ、考えてきた。建武以降、享徳に至るおよそ一〇〇年の時間の流れのなかで、鎌倉時代以後を語ってきた。わが国の中世が育んだ鎌倉という場を通じて、東国が根底に有した自立志向の行方を眺めてきた。それはある面では、京都の幕府との決別に至る流れのなかで、鎌倉的権力の磁場の解体がもたらされる方向と重なった。この享徳の乱により鎌倉は〝真空地帯〟となった。鎌倉をはさみ、下総古河公方、そして伊豆堀越公方という東西に異なる小規模な政治的磁場を誕生させる。

だが、それはかつての鎌倉のごとき秩序統合の象徴とはなり得ないままに時代が推移する。この絶え間ない統合権力の不在化のなかで東国諸地域での分裂はさらに進行、来るべき戦国の世への移行が可能となった。その限りでは武家の府、鎌倉の解体・滅亡なくして戦国への扉は開かれなかったのかもしれない。

＊『康富記』は京都側の伝聞史料とはいえ日記の性格上、信用度は高い。他方『鎌倉大草紙』は編さん物としての性格から問題を残しているが、この西御門屋敷について、ここを成氏の居所と

する根拠として、『喜連川判鑑《きつれがわはんかがみ》』に成氏がこの西御門を御所としたという記述があることも指摘されている（『鎌倉市史』）。他方、山内管領屋敷も山内・佐介谷そして西御門と数カ所にあった模様で、『鎌倉大草紙』のように成氏側からの憲忠屋敷への攻略も即座に否定されるわけではない。

あとがき

山ほどある鎌倉案内とは別趣の内容と自負している。本書は一般の読者だけではなく、特に鎌倉〝通〟を自認する方々にもお読みいただくことを望んでいる。そのために記述内容の典拠を示すことも、しばしばおこなった。さらに昨今の学説事情に言及するさいには、補説めいた注を付記することで深い耕しを可能にしようと試みた。とはいえ、抽象的言説や比喩的表現も多く、文章にある種の〝クセ〟もあるかと思う。

「はしがき」でもふれたように本書は二つの内容で構成されている。第Ⅰ部は「時の記憶」をテーマにしつつ、「その後の鎌倉」に焦点を据え、鎌倉時代以降の鎌倉について語っている。そこでは鎌倉幕府以降の「その後」を考えることを主眼として、この時代の鎌倉が、わが国の中世にとってどのような意味を持ったのかを、政治権力の変化からトレースした。十四世紀の「元弘」「建武」から「観応」「応永」「永享」そして「享徳」の十五世紀に至るおよそ百年の流れが叙されている。『太平記』そして『鎌倉大草紙』は本書の叙述で不可欠の記事も多く、他の古記録とすり合わせても、〝饒舌〟さの故に虚構もあるが、復権されるべき記事も少なくない。とりわけ、『太平後記』の異名を持つ『鎌倉大草紙』は筆者が五年ほどかけて大学院の授業で輪読した史料で、そのおりの成果も肥やしとなっているはずだ。その『鎌倉大草紙』には、『太平記』以後の関東・鎌倉の政治史の重要な内容が提供されている。

〝史実の復元〟をなすつもりはなかった。心掛けたのは〝解釈〟である。史料を読み解きながら、史実をどうストーリー化し、構想化してゆくのか。そのための〝物語〟を叙することに力点をおいたつもりだ。それ故に、あるいは表現に〝スベリ〟があろうことも承知したうえで「その後」の「鎌倉」を「物語」化したかった。本書に付した「抗心の記憶」という副題は、そうした意図を示そうとしたものだ。

そして第Ⅱ部では「場の記憶」をテーマに鎌倉の主要な史跡について語った。『その後の鎌倉』に対応した史跡群を踏査することをポイントとした。しかし、その史跡群を定石通りに記しても新味はない。そこで本書では「年号を歩く」を主題にして、第Ⅰ部で叙した「元弘」「建武」「観応」「応永」等々に関連づけた形で、鎌倉が宿した「場の記憶」についてふれた。本書で紹介した年号はその多くが歴史教科書でおなじみのものだ。これらの年号は全国区の資格を有するものである。それが地域としての鎌倉にもかかわることで、時と場の交錯する世界を味付けする。そんな目論見からの提案だが、必ずしも著名ではないものも含まれている。なかには、今日では残されていない廃寺も少なくない。だが、それこそが語り継がれてきた「場の記憶」でもあるはずだ。

以上が本書筆執の意図である。王道の鎌倉案内からは〝ズレ〟があることは承知しているが、〝ハズレ〟ではないことは間違いないと思う。「一粒で二度おいしい」ことを目ざした本書の意図を汲んでいただければ幸いである。

本書は以前に出版した『「鎌倉」とはなにか』（山川出版社、二〇〇三年）の姉妹編の性格を持つ。あれから十数年が経過したことになる。前著で叶わなかった中世後期に特化した武家政権論を、鎌倉を舞台に仕上げることができた。本書執筆にあたっては、巻末の参考文献の作成など、本学大学院生の稲川裕己・松川薫両氏にも協力を得た。また写真・図版の選択など山川出版社のお世話をいただいた。記して謝意を表したい。

二〇一八年十二月

関　幸彦

主要資料解題

『吾妻鏡《あずまかがみ》』　鎌倉幕府が編纂した歴史書。鎌倉時代末期の正安二年（一三〇〇）頃に成立。治承四年（一一八〇）八月の源頼朝の挙兵から、文永三年（一二六六）七月に六代将軍・宗尊親王が京都送還されるまでを、将軍年代記の形式で編年に記している。『新訂増補国史大系』、国書刊行会叢書、岩波文庫に所収。全釈は新人物往来社、現代語訳は吉川弘文館より刊行。

『蔭涼軒日録《いんりょうけんにちろく》』　京都相国寺鹿苑院内の蔭涼軒主三代にわたる公用日記。六一冊。「おんりょうけんにちろく」ともいう。永享七年（一四三五）〜文正元年（一四六六）と、文明十六年（一四八四）〜明応二年（一四九三）の四〇年間におよぶものが残っていたが関東大震災で焼失。当時の禅宗の制度、文物、室町幕府の政情や武家社会の動静などを知るうえで不可欠の史料である。『大日本仏教全書』に所収。

『永享記《えいきょうき》』　作者、成立年代共に不詳。一巻。軍記物語。永享の乱を中心に永享八年（一四三六）から長享二年（一四八八）までのことを記したうえで、結城合戦、十五世紀中頃の山内・扇谷両上杉氏の対立も記し、その結果として伊勢宗瑞（北条早雲）の蜂起を招き、後北条氏の時代が到来したことを描く。『続群書類従』（「合戦部」）、『改定史籍集覧』に所収。

『園太暦《えんたいりゃく》』　南北朝時代の公卿・洞院公賢の日記で『中園相国記』とも呼ばれた。南北朝時代における基本史料である。公賢は有職故実に通じており、この時期における朝廷の動向について詳細に記されている。記載時期は、延慶四年（一三一一）二月から延文五年（一三六〇）三月までである。『史料纂集』に所収。

『改訂新編《かいていしんぺん》　相州古文書《そうしゅうこもんじょ》』　江戸幕府の命により青木昆陽が寛保年間（一七四一〜一七四四）に編集した

「相州古文書」、江戸幕府が天保年間（一八三〇〜一八四四）に『新編相模国風土記稿』を編集するために集めた「相州文書」と、明治以後に太政官の修史担当部局（現在の東京大学史料編纂所）が集めた相模国内の古文書をもとに、編者が採集した史料を加えて新たに貫達人が編纂した古文書集。角川書店より刊行。

『鎌倉大草紙《かまくらおおぞうし》』 鎌倉公方足利氏と関東管領上杉氏の動向を中心に、康暦元年（一三七九）から文明十一年（一四七九）までの約一世紀にわたる関東の動静を記録した軍記物語。応永初年頃に成立。別名『太平後記』。『新編埼玉県史　資料編8』、『群書類従』（合戦部）に所収。

『鎌倉大日記《かまくらおおにっき》』 室町時代、鎌倉公方足利氏を中心にした武家年表。南北朝末期頃に成立し、以後書き継がれた。関白・将軍・執権・六波羅探題・政所・問注所の項目を記載する。建武以降は将軍の次に京都管領・関東公方・関東管領が加えられ、略歴などが注記される。それぞれ補任から改任・死没の年まで線が引かれている。各年の裏には、その年の重要な出来事が記載されている。『増補続史料大成』に所収。

『鎌倉年中行事《かまくらねんじゅうぎょうじ》』 足利成氏の家臣・海老名季高の手による鎌倉府の行事・儀礼の先例を記録した故実書。成立は享徳三年（一四五四）または康正二年（一四五六）で、漢文体で書かれ、①公方を中心に行う鎌倉府の一年間の行事、②元服など公方自身にかかわる不定期な儀式、③鎌倉府管内の武士間の礼法、特に文書・書状の礼儀、④その他の雑多な規定が記される。室町中期の鎌倉府と東国武家社会の実態をうかがうことのできる貴重な史料とされている。『群書類従』（「武家部」）、『日本庶民生活史料集成』（三一書房）に所収。

『鎌倉年代記《かまくらねんだいき》』 寿永二年（一一八三）から正慶元年（一三三二）までの、鎌倉幕府に関する記事を中心に記した武家年表。別名『北条九代記』とも称される。近世に浅井了意が著した仮名草子『北条九代記』

とは別である。編者や成立年代等は不詳。内容は、天皇・年号・摂関・将軍・執権連署・六波羅探題・問注所・政所両執事の各項目を配し、そこに任免や各人の略歴を記す。それぞれの年代の裏面には、その年に起こった事件が書き込まれている。『増補続史料大成』、『続群書類従』（「雑部」）、『改定史籍収覧』に所収。

『鎌倉攬勝考《かまくららんしょうこう》』 植田孟縉による地誌。文政十二年（一八二九）に成立。全十一巻。巻九までの内容は、鎌倉総説、鶴岡、仏刹、堂宇、廃寺、御所跡並第跡、古城趾等のように分野ごとに記述されており、『新編鎌倉志』ではあまり触れられていない室町期以降について考察を加えている。巻一〇・十一には附録として稲村ヶ崎、腰越、江の島、六浦（金沢）についての記述がある。概ね『新編鎌倉志』の記事に拠っているが、他にみられない記述も存在する。『大日本地誌大系』に所収。

『看聞御記《かんもんぎょき》』 『看聞日記』とも呼称される。北朝の伏見宮貞成親王の日記。日記四一巻と御幸記一巻、別記一巻、目録一巻から構成され、全四四巻から成る。一部は散逸しているが、応永二十三年（一四一六）より文安五年（一四四八）まで三三年間にわたる部分が現存する。将軍・足利義教時代の政治や世相、貞成親王の身辺雑事などにも言及があり、政治史のみならず、文化史の方面においても重要とされる。翻刻は続群書類従完成会より刊行。

『喜連川判鑑《きつれがわはんかがみ》』 江戸時代中期に成立。関東公方・古河公方および喜連川藩の藩主喜連川氏の系図で、足利尊氏・義詮から喜連川昭氏までの歴代関東公方、古河公方、喜連川藩主の事績と花押が記されている。『続群書類従』（「系図部」）に所収。

『空華日用工夫略集《くうげにちようくふうりゃくしゅう》』 義堂周信の日記。書名は、周信が自身を空華入道と称したことによる。日記部分は貞治六年（一三六七）〜嘉慶二年（一三八八）。周信が夢窓疎石に参禅し始めた頃より記した原日記

（『日用工夫集』）を、のちに周信自身が年譜作成のために抄出し、種々の経緯を経て門弟によって整理されたものと考えられている。『続史籍集覧』に所収。

『源威集《げんいしゅう》』　南北朝時代後期に記された軍記物語。源家の武威を語ったもので、鎌倉幕府や室町幕府の正当性とこれを支えた東国武士の諸相が描写されている。著者については結城直光と佐竹師義を比定する説が存在する。内容は、老将が孫からの問いかけに答える問答形式で源氏と東国武士の歴史を語る形を採っている。源氏と八幡大菩薩の関係から始まり、前九年合戦・後三年合戦、源義光の笛を巡る説話、さらに藤原泰衡討滅、源頼朝の二度の上洛、足利尊氏の上洛および東寺合戦についてもふれられている。刊本は、加地宏江校注『源威集』（東洋文庫、一九九六年）、矢代和夫・加美宏校注『新撰日本古典文庫三　梅松論・源威集』（現代思想社、一九七五年）がある。

『建内記《けんないき》』　室町時代中期を代表する万里小路時房の日記。「けんだいき」とも読む。書名は法名「建聖院」と、時房の極官である内大臣に由来する。記述は応永二十一年（一四一四）から康正元年（一四五五）までおよぶ。永享元年（一四二九）から宝徳元年（一四四九）の二〇年分の記述については欠落が少なく、嘉吉の乱、嘉吉の徳政一揆の経緯についても詳述されている。『大日本古記録』に所収。

『神皇正統記《じんのうしょうとうき》』　北畠親房による史論書。暦応二年（一三三九）に小田城で戦陣の閑暇の中で執筆し、大宝城に移った康永二年（一三四三）に修訂された。日本国の基本的な在り方や神武天皇以下九六代の天皇について年代記の形式で説明し、親房の論評を加えるという形になっている。その論述は、中世の公家の政治思想を示すものとして貴重である。『日本古典文学大系』、『群書類従』（「帝王部」）に所収。

『新編鎌倉志《しんぺんかまくらし》』　江戸時代中期、水戸藩主・徳川光圀が家臣の河井恒久らに命じて編纂・刊行させた藩撰地誌。光圀が延宝元年（一六七三）に鎌倉を旅行した際の『鎌倉日記』がもととなっている。『大日本地誌大系』に所収。

『新編相模風土記稿《しんぺんさがみふどきこう》』 林述斎ら編。天保十二年（一八四一）の成立。江戸幕府の昌平坂学問所地誌調所が『新編武蔵風土記稿』に続いて編纂した官撰地誌。全一二六巻。『新編武蔵風土記稿』の編集方針を引き継ぎ、構成・内容・体裁等ほぼ同様である。『相州文書』の関連箇所を引用し、風景・社寺・古器物等の絵を挿入しているのも共通である。『大日本地誌大系』に所収。

『大日本史《だいにほんし》』 水戸藩主・徳川光圀によって開始され、光圀死後も水戸藩の事業として途中に中断もあったが、二百数十年継続、完成は明治時代の日露戦争のころだった。神武から後小松までの百代の天皇の治世を扱っている。紀伝体の史書で、本紀七三巻、列伝一七〇巻、志・表一五四巻、全三九七巻二二六冊。特徴としては、神功皇后を皇位から除いたこと、大友皇子の即位を認めたこと（弘文天皇）、南朝を正統としたことの三点が挙げられる。

『太平記《たいへいき》』 軍記物語。全四〇巻。作者と成立時期は不詳であるが、今川貞世の『難太平記』に法勝寺の恵鎮上人（円観）が足利直義に三十余巻を見せたとの記事があり、十四世紀中ごろまでには後醍醐天皇の崩御が描かれる巻二一あたりまでの部分が、円観や玄慧など室町幕府との密接な関わりを持つ知識人を中心に編纂され、その後増補改訂されてゆき、応安三年（一三七〇）ころまでには現在の四〇巻からなる『太平記』が成立したと考えられている。内容は後醍醐天皇の討幕計画から二代将軍・足利義詮の死、そして細川頼之が管領に就任するまでの約五〇年間が描かれる。『日本古典文学大系』『新潮日本古典集成』『日本古典文学全集』に所収。

『鶴岡社務記録《つるがおかしゃむきろく》』 鶴岡八幡宮寺の歴代別当（社務）の日記。建久三年（一一九二）の初代別当・円暁から文和四年（一三五五）の一九代別当・頼仲までの記録。『改訂史籍集覧』『鶴岡叢書』『神道大系』に所収。

『難太平記《なんたいへいき》』 今川了俊が応永九年（一四〇二）に完成させた史論書。父祖以来の今川氏の事績および足利将軍家に対する忠誠を子孫に正しく伝えることを目的としている。そのため、『太平記』の記述を部分的に修正している。『難太平記』は、後人の命名と思われる。『群書類従』（「合戦部」）に所収。

『南北朝遺文《なんぼくちょういぶん》 関東編《かんとうへん》』 関東八カ国に駿河・伊豆・甲斐・信濃・越後・佐渡を加えた一四カ国に関係する南北朝時代の文書を編年体で網羅的に集成している。全七巻。東京堂出版より刊行。

『梅花無尽蔵《ばいかむじんぞう》』 著者は万里集九。書名は万里の居所庵名である。七巻八冊。応仁の乱前から文亀二年（一五〇二）までの七言絶句・画賛などの作品を編年順に配列する。詩文の動機や由来について万里自身の注記があり、文学作品としてばかりでなく、歴史史料としても貴重。『続群書類従』（「文学部」）に所収。

『梅松論《ばいしょうろん》』 貞和五年（一三四九）頃成立。作者不詳であるが、鎌倉幕府の治績から尊氏が政権を掌握するまでの過程を、足利氏による室町幕府創立の正当性を主張する点から描いていることを考えると細川氏の一族であると思われる。書名の由来は、尊氏と足利将軍家の栄華と子孫繁栄を北野天満宮の飛梅と老松に喩えていることによる。上巻では、鎌倉時代末期の政治情勢と鎌倉幕府の滅亡、建武の新政、新田氏と足利氏の対立の様子が綴られている。下巻では、楠木正成の奮戦と金ケ崎城の落城、天下平定の様子、さらに夢窓疎石による尊氏賞賛の辞、書名の由来を記す。『群書類従』（「合戦部」）に所収。

『武家年代記《ぶけねんだいき》』 編者・成立年代は不明。記載期間は治承四年（一一八〇）から明応八年（一四九九）が記される。内容は歴代天皇、摂関・将軍・執権・政所執事・問注所執事・六波羅探題の各補任や経歴、裏書には天皇・幕府・社寺等の関係記事、政治的事件、天災等が記載される。『増補史料大成』に所収。

『保暦間記《ほうりゃくかんき》』 南北朝時代に成立した中世の史論書。書名の由来は、保元元年（一一五六）の保元の乱に始まり、後醍醐天皇が没する暦応二年（一三三九）までを記していることである。怨霊史観を中心に内乱や反乱の諸相が語られている。鎌倉時代後半から南北朝時代を研究する上での基本史料である。『群書類従』（「雑部」）に所収。刊本は、佐伯真一・高木浩明編著『校本保暦間記』（和泉書院、一九九九年）がある。

『増鏡《ますかがみ》』 作者不詳。一七巻。記載年代は後鳥羽天皇誕生の治承四年七月から正慶二年（一三三三）六月に後醍醐天皇が隠岐から京都に帰京するまでのほぼ一五〇年間を編年体で記す。形式は作者が嵯峨の清凉寺に詣でたさいに高齢の老尼が見聞した歴史を語り聞かせるもの。記事は『とはずがたり』や『弁内侍日記』など、宮廷女性の回想記などが使用されている。作者は二条良基説が有力ではあるが、四条隆資・二条為明などとする説もある。翻刻には、『日本古典文学大系』『岩波文庫』『講談社学術文庫』『新訂増補 国史大系』、和田秀松『重修増鏡詳解』（明治書院、一九三三年）がある。

『師守記《もろもりき》』 中原師守の日記。記述は暦応二年（一三三九）から応安七年（一三七四）にまでおよぶ。中原氏は代々外記を世襲した家系で、師守も北朝で権少外記の職にあった。北朝の朝議等の記述が精細である。豊富な情報が収められており、『園太暦』と並ぶ南北朝時代の重要な史料である。『史料纂集』に所収。

『康富記《やすとみき》』 中原康富の日記。記述は応永十五年（一四〇八）から康正元年（一四五五）におよぶ。ただし永享年間（一四二九〜一四四一）の記述はほぼ欠落している。文化・芸能などの記述も少なくなく、中原氏の家職を継承したものと思われている。有職故実分野でも着目される。『増補史料大成』に所収。

主要参考文献

【自治体史】

茨城県史編集委員会監修『茨城県史　中世編』茨城県、一九八六年
神奈川県企画調整部県史編集室編『神奈川県史　資料編1　古代・中世(1)』神奈川県、一九七〇年
神奈川県企画調整部県史編集室編『神奈川県史　資料編2　古代・中世(2)』神奈川県、一九七三年
神奈川県企画調整部県史編集室編『神奈川県史　資料編3　古代・中世(3上)』神奈川県、一九七五年
神奈川県県民部県史編集室編『神奈川県史　資料編3(2)　古代・中世(3下)』神奈川県、一九七九年
神奈川県県民部県史編集室編『神奈川県史　通史編1　原始・古代・中世』神奈川県、一九八一年
鎌倉市史編纂委員会編『鎌倉市史　史料編第一』一九七二年
鎌倉市史編纂委員会編『鎌倉市史　史料編第二』一九七二年
鎌倉市史編纂委員会編『鎌倉市史　史料編第三・第四』一九七二年
鎌倉市史編纂委員会編『鎌倉市史　総説編』一九七二年
鎌倉市史編纂委員会編『鎌倉市史　社寺編』一九七二年
鎌倉市史編纂委員会編『鎌倉市史　考古編』一九七二年
群馬県史編さん委員会編『群馬県史　通史編3　中世』群馬県、一九八九年
埼玉県編『新編埼玉県史　通史編2　中世』一九八八年
静岡県編『静岡県史　通史編2　中世』一九九七年
千葉県史料研究財団編『千葉県の歴史　通史編　中世』千葉県、二〇〇七年
栃木県史編さん委員会編『栃木県史　通史編3　中世』栃木県、一九八四年
福島県編『福島県史1　通史編1　原始・古代・中世』一九六九年

【編著書】

秋山　敬『甲斐武田氏と国人』高志書院、二〇〇三年
秋山哲雄『都市鎌倉の中世史』吉川弘文館、二〇一〇年

秋山哲雄『鎌倉幕府滅亡と北条氏一族』吉川弘文館、二〇一三年
秋山哲雄『鎌倉を読み解く』勉誠出版、二〇一七年
浅野晴樹・齋藤慎一編『中世東国の世界1　北関東』高志書院、二〇〇三年
浅野晴樹・齋藤慎一編『中世東国の世界2　南関東』高志書院、二〇〇四年
網野善彦『網野善彦著作集13　中世都市論』岩波書店、二〇〇七年
新井孝重『護良親王』ミネルヴァ書房、二〇一六年
荒川善夫編『下総結城氏』戎光祥出版、二〇一二年
石井　進『もうひとつの鎌倉』そしえて、一九八三年
石井　進『鎌倉びとの声を聞く』ＮＨＫ出版、二〇〇〇年
石井　進『石井進著作集9　中世都市を語る』岩波書店、二〇〇五年
石井　進編『都と鄙の中世史』吉川弘文館、一九九二年
石井　進・大三輪龍彦編『武士の都　鎌倉』平凡社、一九八九年
石母田正『中世的世界の形成』岩波文庫、一九八五年
伊藤喜良『東国の南北朝動乱』吉川弘文館、二〇〇一年
市沢　哲編『太平記を読む』吉川弘文館、二〇〇八年
稲葉一彦『「鎌倉の碑」めぐり』表現社、一九八二年
今谷　明『室町の王権』中公新書、一九九〇年
入間田宣夫編『葛西氏の研究』名著出版、一九九八年
植田慎平編『足利持氏』戎光祥出版、二〇一六年
江田郁夫『室町幕府東国支配の研究』高志書院、二〇〇八年
江田郁夫編『下野宇都宮氏』戎光祥出版、二〇一一年
大三輪龍彦編『中世鎌倉の発掘』有隣堂、一九八三年
大三輪達彦編『浄光明寺敷地絵図の研究』新人物往来社、二〇〇五年
小川　信『足利一門守護発展史の研究』吉川弘文館、一九八〇年

岡田清一編『河越氏の研究』名著出版、二〇〇三年
岡野友彦『北畠親房』ミネルヴァ書房、二〇〇九年
荻野三七彦編『吉良氏の研究』名著出版、一九七五年
小国浩寿『鎌倉府体制と東国』吉川弘文館、二〇〇一年
小国浩寿『鎌倉府と室町幕府』吉川弘文館、二〇一三年
落合義明『中世東国の「都市的な場」と武士』山川出版社、二〇〇五年
勝守すみ編『長尾氏の研究』名著出版、一九七八年
垣内和孝『室町期南奥の政治秩序と抗争』岩田書院、二〇〇六年
神奈川県立金沢文庫編『中世鎌倉人の年中行事』(テーマ展図録) 一九九三年
鎌倉考古学研究所編『中世都市鎌倉を掘る』日本エディタースクール出版部、一九九四年
亀田俊和『足利直義』ミネルヴァ書房、二〇一六年
亀田俊和『観応の擾乱』中公新書、二〇一七年
亀田俊和『征夷大将軍・護良親王』戎光祥出版、二〇一七年
川合　康『源平合戦の虚像を剥ぐ』講談社学術文庫、二〇一〇年
河野眞知郎『中世都市　鎌倉』講談社学術文庫、二〇〇五年
久保田順一『室町・戦国期上野の地域社会』岩田書院、二〇〇六年
久保田順一『上杉憲顕』戎光祥出版、二〇一二年
黒田俊雄『日本中世の国家と宗教』岩波書店、一九七五年
黒田俊雄『蒙古襲来』中公文庫、二〇〇四年
黒田基樹『扇谷上杉氏と太田道灌』岩田書院、二〇〇四年
黒田基樹『図説　太田道灌』戎光祥出版、二〇〇九年
黒田基樹『古河公方と北条氏』岩田書院、二〇一二年
黒田基樹編『長尾景春』戎光祥出版、二〇一〇年
黒田基樹編『武田信長』戎光祥出版、二〇一一年

黒田基樹編『扇谷上杉氏』戎光祥出版、二〇一二年
黒田基樹編『足利基氏とその時代』戎光祥出版、二〇一三年
黒田基樹編『伊勢宗瑞』戎光祥出版、二〇一三年
黒田基樹編『関東管領上杉氏』戎光祥出版、二〇一三年
黒田基樹編『戦国期山内上杉氏の研究』岩田書院、二〇一三年
黒田基樹編『足利氏満とその時代』戎光祥出版、二〇一四年
黒田基樹編『山内上杉氏』戎光祥出版、二〇一四年
黒田基樹編『足利満兼とその時代』戎光祥出版、二〇一五年
黒田基樹編『上野岩松氏』戎光祥出版、二〇一五年
黒田基樹編『長尾景仲』戎光祥出版、二〇一五年
黒田基樹編『足利持氏とその時代』戎光祥出版、二〇一六年
黒田基樹編『関東上杉氏一族』戎光祥出版、二〇一七年
黒田基樹編『足利成氏とその時代』戎光祥出版、二〇一八年
小秋元段『太平記・梅松論の研究』汲古書院、二〇〇五年
呉座勇一編『南朝研究の最前線』洋泉社、二〇一六年
五味文彦編『都市の中世』吉川弘文館、一九九二年
櫻井　彦『南北朝内乱と東国』吉川弘文館、二〇一二年
佐藤和彦『南北朝内乱』小学館、一九七四年
佐藤和彦『南北朝内乱史論』東京大学出版会、一九七九年
佐藤和彦『「太平記」を読む』学生社、一九九一年
佐藤進一『日本の中世国家』岩波書店、一九八三年
佐藤進一『南北朝の動乱』中公文庫、二〇〇五年
佐藤進一・網野善彦・笠松宏至『日本中世史を見直す』平凡社、一九九九年
佐藤博信『中世東国の支配構造』思文閣出版、一九八九年

佐藤博信『続中世東国の支配構造』思文閣出版、一九九六年
佐藤博信『古河公方足利氏の研究』校倉書房、一九九八年
佐藤博信編『関東足利氏と東国社会』岩田書院、二〇一二年
清水克行『足利尊氏と関東』吉川弘文館、二〇一三年
新川武紀『下野中世史の新研究』ぎょうせい、一九九四年
杉山一弥『室町幕府の東国政策』思文閣出版、二〇一四年
杉山博編『豊嶋氏の研究』名著出版、一九七四年
杉山博・栗原仲道編『大石氏の研究』名著出版、一九七五年
鈴木哲・関幸彦著『闘諍と鎮魂の中世』山川出版社、二〇一〇年
関　幸彦『「鎌倉」とはなにか』山川出版社、二〇〇三年
関　幸彦『その後の東国武士団』吉川弘文館、二〇一一年
関　幸彦『承久の乱と後鳥羽院』吉川弘文館、二〇一二年
関　幸彦『武士の誕生』講談社学術文庫、二〇一三年
関　幸彦『国史の誕生』講談社学術文庫、二〇一四年
関　幸彦『恋する武士　闘う貴族』山川出版社、二〇一五年
関　幸彦編『相模武士団』吉川弘文館、二〇一七年
瀬野精一郎『足利直冬』吉川弘文館、二〇〇五年
田口卯吉『日本開化小史』講談社学術文庫、一九八一年
田中大喜『新田一族の中世』吉川弘文館、二〇一五年
田中大喜編『上野新田氏』戎光祥出版、二〇一一年
田中義成『足利時代史』講談社学術文庫、一九七九年
田中義成『南北朝時代史』講談社学術文庫、一九七九年
高橋慎一朗『中世の都市と武士』吉川弘文館、一九九六年
高橋慎一朗『武家の古都、鎌倉』山川出版社、二〇〇五年

高橋慎一朗編『列島の鎌倉時代』高志書院、二〇一一年
田辺久子『上杉憲実』吉川弘文館、一九九九年
田辺久子『関東公方足利氏四代』吉川弘文館、二〇〇二年
永井　晋『金沢貞顕』吉川弘文館、二〇〇三年
永井　晋『北条高時と金沢貞顕』山川出版社、二〇〇九年
新田一郎『太平記の時代』講談社学術文庫、二〇〇九年
貫　達人『鶴岡八幡宮寺』有隣新書、一九九六年
野口実編『千葉氏の研究』名著出版、二〇〇〇年
萩原龍夫編『江戸氏の研究』名著出版、一九七七年
早島大祐『室町幕府論』講談社、二〇一〇年
林屋辰三郎『南北朝』大阪創元社、一九五七年
兵藤裕己『太平記〈よみ〉の可能性』講談社学術文庫、二〇〇五年
福田豊彦・関幸彦編『「鎌倉」の時代』山川出版社、二〇一五年
藤田精一『新田氏研究』別格官幣社藤島神社社務所、一九三八年
細川重男編『鎌倉将軍・執権・連署列伝』吉川弘文館、二〇一五年
本郷恵子『将軍権力の発見』講談社、二〇一〇年
前島康彦編『太田氏の研究』名著出版、一九七五年
松尾剛次『中世都市鎌倉の風景』吉川弘文館、一九九三年
松尾剛次『中世都市鎌倉を歩く』中公新書、一九九七年
松本一夫『中世下野の権力と社会』岩田書院、二〇〇九年
松本一夫『下野中世史の世界』岩田書院、二〇一〇年
松本一夫『小山氏の盛衰』戎光祥出版、二〇一五年
松本一夫編『下野小山氏』戎光祥出版、二〇一二年
峰岸純夫『中世の東国』東京大学出版会、一九八九年

峰岸純夫『新田義貞』吉川弘文館、二〇〇五年
峰岸純夫『足利尊氏と直義』吉川弘文館、二〇〇九年
峰岸純夫『太平記の里　新田足利を歩く』吉川弘文館、二〇一一年
峰岸純夫『新田岩松氏』戎光祥出版、二〇一一年
峰岸純夫『享徳の乱　中世東国の「三十年戦争」』講談社、二〇一七年
峰岸純夫編『三浦氏の研究』名著出版、二〇〇八年
峰岸純夫・小林一岳・黒田基樹編『豊島氏とその時代』新人物往来社、一九九八年
峰岸純夫・江田郁夫編『足利尊氏再発見』吉川弘文館、二〇一一年
峰岸純夫・江田郁夫編『足利尊氏』戎光祥出版、二〇一六年
森　茂暁『南北朝期公武関係史の研究』文献出版、一九八四年
森　茂暁『皇子たちの南北朝』中公新書、一九八八年
森　茂暁『太平記の群像』角川選書、一九九一年
森　茂暁『佐々木導誉』吉川弘文館、一九九四年
森　茂暁『後醍醐天皇』中公新書、二〇〇〇年
森　茂暁『室町幕府崩壊』角川選書、二〇一一年
森　茂暁『建武政権』講談社学術文庫、二〇一二年
森　茂暁『足利直義』角川選書、二〇一五年
森　茂暁『足利尊氏』角川選書、二〇一七年
山田邦明『鎌倉府と関東』校倉書房、一九九五年
山田邦明『室町の平和』吉川弘文館、二〇〇九年
山本隆志『新田義貞』ミネルヴァ書店、二〇〇五年
湯浅治久『蒙古合戦と鎌倉幕府の滅亡』吉川弘文館、二〇一二年
湯山　学『関東上杉氏の研究』岩田書院、二〇〇九年
湯山　学『鎌倉府の研究』岩田書院、二〇一一年

湯山　学『相模国の中世史〔増補版〕』岩田書院、二〇一三年
湯山　学『鎌倉府と相模武士　上』戎光祥出版、二〇一四年
湯山　学『鎌倉府と相模武士　下』戎光祥出版、二〇一四年
吉井功兒『建武政権期の国司と守護』近代文芸社、一九九三年
渡辺　保『北条政子』吉川弘文館、一九八五年
渡辺世祐『関東中心足利時代之研究』新人物往来社、一九七一年

【論文】
秋山哲雄「都市鎌倉における永福寺の歴史的性格」阿部猛編『中世政治史の研究』日本史史料研究会、二〇一〇年
石井　進「『浄光明寺敷地絵図』に記された人物は誰か」大三輪龍彦編『浄光明寺敷地絵図の研究』新人物往来社、二〇〇五年
石丸　熙「中世鎌倉の一側面―初期の都市防備体制を見る」『三浦古文化』二三、一九七八年
鈴木由美「中先代の乱に関する基礎的考察」阿部猛編『中世の支配と民衆』同成社、二〇〇七年
鈴木由美「建武政権期における反乱―北条与党の乱を中心に」『日本社会史研究』一〇〇、二〇一二年
鈴木由美「先代・中先代・当御代」『日本歴史』七九〇、二〇一四年
鈴木由美「建武三年三月の「鎌倉合戦」―東国における北条与党の乱の事例として」『古文書研究』七九、二〇一五年
関　幸彦「「鎌倉」とは何か―「鎌倉殿」あるいは「関東」」『中世文学』五九、二〇一四年
関　幸彦「『保暦間記』を考える―武家史観の源流」『史叢』九六、二〇一七年
長塚　孝「『鎌倉年中行事』と海老名季高」『鎌倉』一〇八、二〇〇九年
松尾剛次「武家の「首都」鎌倉の成立―将軍御所と鶴岡八幡宮とを中心に」石井進編『都と鄙の中世史』吉川弘文館、一九九二年
松尾剛次「中世都市・鎌倉」五味文彦編『都市の中世』吉川弘文館、一九九二年

関　幸彦　せき　ゆきひこ

1952年生まれ。学習院大学大学院人文科学研究科史学専攻博士課程修了。学習院大学助手などを経て，現在，日本大学文理学部教授。
主要著書　『「鎌倉」とはなにか』（山川出版社，2003年），『東北の争乱と奥州合戦』（吉川弘文館，2006年），『百人一首の歴史学』（日本放送出版協会，2009年），『その後の東国武士団』（吉川弘文館，2011年），『承久の乱と後鳥羽院』（吉川弘文館，2012年），『武士の誕生』（講談社学術文庫，2013年），『恋する武士　闘う貴族』（山川出版社，2015年）など

その後《ご》の鎌倉《かまくら》―抗心《こうしん》の記憶《きおく》―

2018年12月25日　第１版１刷発行　　2019年２月15日　第１版２刷発行

著　者　関《せき》　幸彦《ゆきひこ》

発行者　野澤伸平

発行所　株式会社　山川出版社
〒101-0047　東京都千代田区内神田1-13-13
電話　03(3293)8131(営業)　03(3293)8135(編集)
https://www.yamakawa.co.jp/　振替　00120-9-43993

印刷所　株式会社　太平印刷社

製本所　株式会社　ブロケード

装　幀　菊地信義

　ISBN978-4-634-59114-1